天津市哲学社会科学规划研究项目成果

天津市跆拳道产业发展模式研究

鲍巨彬 著

天津社会科学院出版社

图书在版编目（CIP）数据

天津市跆拳道产业发展模式研究 / 鲍巨彬著. -- 天津 : 天津社会科学院出版社, 2020.11
ISBN 978-7-5563-0669-5

Ⅰ. ①天… Ⅱ. ①鲍… Ⅲ. ①跆拳道－体育产业－产业发展－研究－天津 Ⅳ. ①G886.9

中国版本图书馆CIP数据核字(2020)第222204号

天津市跆拳道产业发展模式研究
TIANJINSHI TAIQUANDAO CHANYE FAZHAN MOSHI YANJIU

出版发行：天津社会科学院出版社
地　　址：天津市南开区迎水道7号
邮　　编：300191
电话/传真：（022）23360165（总编室）
（022）23075303（发行科）
网　　址：www.tass-tj.org.cn
印　　刷：北京建宏印刷有限公司

开　　本：710×1000　毫米　1/16
印　　张：13.75
字　　数：155千字
版　　次：2020年11月第1版　2020年11月第1次印刷
定　　价：59.00元

前　言

跆拳道运动作为奥林匹克运动会正式比赛项目，属于技能主导类同场搏击对抗项目。跆拳道运动的发展迅速，自 1973 年世界跆拳道联合会成立至今已有会员国（或地区）183 个，3000 万以上的练习者。跆拳道成为青少年参与度较高的体育运动之一，是其产业快速发展起来的主要原因。2014 年，随着国务院《关于加快发展体育产业促进体育消费的若干意见》的出台，进一步有力推动了跆拳道产业的快速发展和提升。

《天津市跆拳道产业发展模式研究》是天津市 2018 年哲学社会科学规划课题一般项目（项目编码：TJTY18－014），本课题是在产业经济学、产业结构、产业竞争力、消费经济学等理论的支撑下，通过对天津市跆拳道产业的现状进行调查研究，本着服务天津经济建设、研究天津市跆拳道产业发展模式、发现天津市跆拳道产业发展中的问题，根据问题进行相关研究并得出相应对策和建议。

本研究以体育产业的相关理论作为支撑，对跆拳道产业的发展模式展开研究。从跆拳道成为产业发展的原因、修炼内容、文化内涵、功能价值出发，对天津市跆拳道产业发展现状进行了调查研究并进行了 SWOT 分析，研究得出天津市跆拳道产业的发展模式有以下三种：1. 以教育培训为基础的自主创新发展模式；2. 以市场需求为主的加工生产发展模式；3. “互联网＋”的混合发展模式。这些成为目前天津市跆拳道产业发展的主要模式。

本人在研究过程中得到了中国武术协会副主席、天津理工大学苏长来教授，中国柔道学院常务副院长、天津体育学院陈桂岑教授和天津体育学院孙敬教授、岳游松副教授等众多专家和学者的帮助与支持；我的学生胡静婷、秦珍珍在资料收集方面也做了大量工作；本书参考了大量专家与学者的文献与书籍，为本研究提供了帮助，在此一并表示衷心感谢。

由于本人水平所限，不妥、不全之处难免，恳请理解与赐教。

鲍巨彬

2020 年 4 月 21 日

目 录

第一章　导论

新时代形成新思想，新思想引领新时代。今天，在习近平新时代中国特色社会主义思想不断推进、深入贯彻的指导下，我们必须把握新时代新要求，完善发展战略和各项政策，推进和落实各项工作，把新时代中国特色社会主义推向前进。

工业发展发达的时代已经来临，智能化不断推进，市场环境、产业方式、供求特点等方面都发生了深刻变化。各种新的产业模式和产业组织形式大量涌现出来，为市场繁荣、经济增长、带动就业等方面增加了动力。尤其是伴随时代孕育而生的新型产业，它们影响着传统产业、市场机制、政府决策，同时也在助推市场经济发展和满足人们新的消费需求。

习近平总书记在十九大报告中对于未来五年中国体育产业以及体育事业的发展目标作出了指示，明确提出具体工作即“广泛开展全民健身活动，加快推进体育强国建设，筹办好北京冬奥会、冬残奥会”。这意味着在新时代的今天，体育事业和体育产业发展站到了前所未有的高度。北京将成为全世界唯一一个举办过夏季、冬季奥运会的城市。

我国经济水平不断提高，推动了体育产业市场的繁荣和发展，体育产业日益受到政府与有关部门的重视，1994 年迄今，国内关于体育产业的文献资料有 6500 余篇，其中关于体育产业发展模式的文献有 450 余篇，而跆拳道产业的相关研究却只有 15 篇。近年来，以体育法及《关于加快发展体育产业的指导意见》为背景，天津市的体育产业发展呈现出一定效果。体育产业的内容和形式层出不穷，跆拳道运动作为体育产业中的新生力量，到2018年底在天津市跆拳道协会注册的道馆和俱乐部就有148家，显示出了跆拳道产业发展的旺盛活力以及市场消费需求；同时也为天津市的经济发展做出了贡献。跆拳道产业业态和产业链的不断丰富和完善，也对其他行业的发展起到了联动或推动作用。

体育产业的研究由来已久，因为体育产业的发展和壮大受到经济和政府政策的干预和影响很大，所以我国的体育产业快速发展期是随着我国国民经济的不断发展而成长起来的。近年来国内众多学者对体育产业研究的观点和代表如下：

有学者认为，我国体育产业发展的瓶颈在于体育产业总量和国民体育需求、供给与国民消费、业态与国民生活状况不一致，通过政策驱动、人本需求、产业融合、创新发展等机制，达到对体育产业的主体、原则、结构的治理，进而形成结构发展合理、绿色经济、具有产业国际化和品牌化的中国自己的体育产业发展路径，并提出应大力发展体育服务业、通过合理配置区域特色体育产业、构建和优化体育产业部门框架结构等建议。也有通过结合46号文件的内容进行研究，从我国的体育产业发展现状、机遇、挑战三个方面进行论述，认为年产值对整个经济的贡献率不高，产业结构短板突出等是中国体育产业的现状。同时还面临着“体育逐渐成为消费热点、国际体育善治理念推动体制改革、体育赛事利益主体多元化、资本和人才的进入推动体育生态变革”等历史性机遇；也面临着“体育产业专业人才不足、政府对体育的财政投入有待增加、体育器材设施层次低品牌不强、体育场馆整体数量不足、体育产业信

息、知识、意识淡薄"等现实问题带来的挑战。(朱金棒、柳鸣毅[①],黄海燕、杨丽丽[②],易剑东[③])

有学者以冰雪项目为例对我国体育产业进行研究,发现冰雪体育产业市场单一、物质薄弱,难以满足现代消费者的多元化和个性化的消费需求。而且冰雪体育产业存在结构失衡、装备制造业水平低、服务业缺乏规划性等问题。应向着装备知识密集型、提升服务输出质量、高效治理服务业的方向推进。需构建科学合理的冰雪体育产业商业发展模式。研究者认为,目前我国冰雪体育产业发展与供给存在的问题主要表现在:物质基础薄弱——冰雪体育场地与装备供给不足;服务水平不高——冰雪体育服务业发展滞后;供给机制缺失——供需之间难以实现高效对接。建议:顺应国人冰雪体育消费需求升级特点,加快冰雪体育产业供给转型,即推动冰雪场地及装备制造业转型发展,提升冰雪体育服务业产品输出质量,建构供需高效对接的供给机制。(雷国飞[④],张瑞林[⑤])

有学者通过对不同的区域中地方特色体育产业的发展现状研究发现,目前我国各区域体育产业的发展水平和规模不均衡,应加大实施体育产业核心竞争力的培养,进一步优化产业结构,不断加大体育企业的增效。在地方政府体育产业政策发展中,以较强政

---

① 朱金棒,柳鸣毅.新常态下体育产业发展机制与路径研究[J].体育文化导刊,2016(10):103—108.

② 黄海燕,杨丽丽.我国体育产业结构的综合定量与优化分析[J].体育科学,2011,31(11):3—11.

③ 易剑东.中国体育产业的现状、机遇与挑战[J].武汉体育学院学报,2016,50(7):5—12.

④ 雷国飞.消费需求升级背景下我国冰雪体育产业供给转型研究[J].广州体育学院学报,2017,37(6):45—49.

⑤ 张瑞林.我国冰雪体育产业商业模式构建与产业结构优化[J].体育科学,2016,36(5):18—23.

府干预为主要特征(卢金逵,倪刚,熊建萍①)。学者邢尊明②认为地方政府的体育行政主管部门做为政策制定和决策实施的行为主体,在区域内、区域外的互动背景下会产生5种政策需求,5种政策需求又形成5种政策动机,通过借助6种知识描述路径,形成了政策的跟进、竞争、模仿、学习和创新等5种政策扩散类型,因此上述政策扩散类型是影响地方政府出台体育产业政策扩散效率的关键机制。并提出了在政策环境、政策取向、主体行为等层面对地方政府体育产业政策扩散的对策建议。

体育特色小镇的出现,是作为体育产业发展过程中,政府供给侧改革的创新实践试点出现,体现了体育产业跨界融合发展的创新模式,体育特色小镇同时也紧密迎合了国家对于新型城镇化建设的政策要求,对进一步推进健康中国建设具有重要意义。体育特色小镇的出现有利于加快体育产业的转型升级、扩大有效供给和促进产业跨界融合。产业关联、制度供给、消费需求和科技发展是体育产业跨界融合的基本要素。将成为体育产业在新技术、新业态引领下与相关行业进行跨界融合的新生体育产物,是体育产业的新载体③。

张建春、边文洪④通过对江苏省跆拳道产业的政策、法律环境、经济与技术环境、社会文化环境的分析,认为江苏省跆拳道产业的

① 卢金逵,倪刚,熊建萍.区域体育产业竞争力评价与实证研究[J].体育科学,2009,29(6):28—38.

② 邢尊明.我国地方政府体育产业政策行为研究——基于政策扩散理论的省(级)际政策实践调查与实证分析[J].体育科学,2016,36(1):27—37.

③ 沈克印,杨毅然.体育特色小镇:供给侧改革背景下体育产业跨界融合的时间探索[J].武汉体育学院学报,2017,51(6):56—62.

④ 张建春,边文洪.江苏省跆拳道产业环境现状分析[J].科技信息,2010(3):13、381.

推广环境和发展良好，指出跆拳道将成为江苏省体育产业的一个新亮点。周攀、冼东妹[①]对广东省跆拳道道馆的发展现状进行研究，发现广东省跆拳道道馆发展迅速、规模较大，但存在市场定位单一、市场开发环节薄弱、经营和管理缺乏专业化等特点。崔轩[②]则认为跆拳道既是强健体魄的一种方式，同时还具有产业性质。如今以跆拳道为核心的经济活动盛行，并构建成经营实体以及相关联动服务行业，建议跆拳道的产业市场也应该按照经济运行规律有针对性地开拓和培养，创造更大的社会和经济效益。王守都[③]则认为从开发跆拳道现场搏击的角度研究跆拳道在我国的市场化，并利用跆拳道自身优势占领市场，发挥跆拳道项目在礼仪、内容、文化等方面的自身优势，加强管理。刘茂辉[④]对跆拳道市场化现状进行调查研究，发现跆拳道不仅是强身健体的一种手段，而且已经具有产业性质。从跆拳道的人口资源、人才资源、技术资源等方面对拳道经营比赛市场的赛事电视转播权做着重分析，在此基础上提出有针对性的市场开发策略。较多的研究者针对跆拳道培训市场的现状与存在问题提出建议，也有对跆拳道馆经营市场化的不足提出相关建议。

不能否认学术界对于体育产业发展的研究很多，但对于跆拳道产业发展模式研究很少，尤其是在国内跆拳道俱乐部、道馆、商业赛事随处可见的今天。

---

① 周攀，冼东妹. 广东省跆拳道道馆发展情况调查研究[J]. 体育科技，2017，38(2)：116－120.

② 崔轩. 跆拳道市场化现状与产业环境研究[J]. 经济研究导刊，2017(2)：66－67.

③ 王守都. 跆拳道在中国的市场化[J]. 经营与管理，2013(4)：98－101.

④ 刘茂辉. 跆拳道市场化现状及开发策略研究[J]. 西安体育学院学报，2006(2)：37－39.

本书旨在深入研究和发现天津市跆拳道产业发展的现状、模式、特征和存在的问题，为天津市跆拳道产业的快速、健康、有序、多样发展出一份力，服务天津市体育产业发展和经济繁荣，并为今后天津市跆拳道产业结构设计和发展方向以及对天津市体育产业又好又快地发展提供参考。

天津市跆拳道产业的发展研究应密切结合天津市体育产业发展的战略实施和布局，立足天津、服务天津，为天津市社会经济建设服务。天津地处环渤海地区的中心位置，在京津冀协同发展的大背景下，有体育产业区域战略的政策机制保障。应抓住天津市的区域资源特点，深挖跆拳道产业经济价值，助推天津市跆拳道产业的蓬勃发展。以此为基点，本书将按以下思路展开：

(1)对跆拳道产业发展的背景以及研究的理论依据做分析研究，并对研究方法做了说明和介绍，对课题中所涉及的一些概念都做了界定，同时对国内外关于体育产业及跆拳道产业的研究文献进行了梳理与分析，为本研究提供了理论上的指导和参考。

(2)以体育产业发展为背景，以产业经济学、消费经济学、区域经济发展等相关理论作为跆拳道产业发展模式研究的理论基础，密切结合天津市跆拳道产业特征实际开展研究。

(3)从现代跆拳道运动的特定、作用出发，分析跆拳道产业形成的原因，对我国跆拳道产业发展进行优势分析，对跆拳道产业以及产业融合进行研究。

(4)对天津市跆拳道产业发展模式的现状进行调查、分析。通过查阅大量相关文献，实地走访调查、获取研究数据，基于 SWOT 分析天津市跆拳道产业发展战略构想，进而对天津市跆拳道产业发展模式与特征进行分析研究。

(5)通过对天津市跆拳道产业链的形成、特点、构成进行研究，找出天津市跆拳道产业发展中存在的问题和影响因素，进而提出相关对策。

一、研究目的与意义

社会经济的发展促进了居民生活水平的提高，人们有了更多的闲暇时间和休闲娱乐的经济基础。同时，社会发展进程的加快给社会群体带来了亚健康，使人们更加注重体育锻炼。他们也希望他们的下一代有一个健康的身体，为了适应社会的快速发展，"花钱买汗""技能培养""增强体质"的思想和理念逐渐渗透到人们的心中。跆拳道作为一项奥运会正式比赛项目，运动形式多样，竞技比赛、品势演练、功力特技表演、跆拳道舞等，近年来逐渐在世界各地流行起来。其运动健身、防身自卫的价值和礼仪精神教育功能逐渐被人们所接受，并逐渐成为健身群体选择的重要内容之一。在社会转型时期，体育培训市场的发展也在不断地探索过程中，跆拳道项目的发展优势不断显现出来。

本研究以天津市跆拳道产业发展现状为研究对象，重点分析天津市跆拳道产业发展中存在的问题和影响因素，找出天津市跆拳道产业发展中的优势与劣势，为天津市跆拳道产业的发展提供参考和借鉴。

二、研究对象与方法

在对天津市跆拳道产业发展的现状进行调查分析后，通过个案分析的方法，从跆拳道服务培训业、用品生产经营业、赛事表演业等主要方面展开研究，提出了天津市跆拳道产业发展模式的具体对策和建议。由于跆拳道产业发展模式研究涉及区域经济学、产业经济学和政府治理理论等知识，因此，本书将从跨学科的角度，以产业经济学、消费经济学、区域经济发展理论作为跆拳道产业研究的理论基础对天津市跆拳道产业发展模式进行研究，评价现有的天津市跆拳道产业发展现状和存在问题、影响因素。本研究在清晰界定跆拳道产业内涵的基础上，归纳天津市跆拳道产业的发展模式现状与特征。

本研究以天津市跆拳道产业为研究对象，分析天津市跆拳道产业发展情况，通过对滨海鸿飞、东晟翼虎、九段国际、北辰卓越、武海国际、黑带拳威、进德等天津市具有代表性的实体培训俱乐部的经营现状与发展和对“跆星时代”“津门决”“天津市京津冀跆拳道邀请赛”“跆王决”“天津市跆拳道锦标赛”等赛事组织与参与情况的调查，得出天津市跆拳道产业发展的现状和特征。通过研究天津市跆拳道产业发展模式，突出通过创新跆拳道产业模式，进一步延伸产业链，打造“互联网＋”的产业服务平台，在构建优质服务中促进消费。

研究方法是调查与研究归纳的结合。本研究通过应用现代产业发展模式理论和产业经济学、消费经济学、区域经济发展理论基础，构建天津市跆拳道产业发展模式，调查天津市跆拳道产业发展现状，定性和定量分析相结合，分析跆拳道产业发展模式和特征，主要有以下几种研究方法：

(1)文献资料法：根据研究内容和方向，借助 CNKI 等数据库，收集和整理相关文献，重点是相关概念的界定以及现有文献关于体育产业和跆拳道产业发展研究的观点和见解，收集文本资料进行客观分析，为本研究提供理论支撑和参考。

(2)调查法：对天津市跆拳道产业发展模式现状，选取具有代表性的研究对象(俱乐部经营、培训机构、赛事组织等)，采用实地调查的方法获取一手调查数据。

(3)统计分析法:对天津市跆拳道产业发展模式的种类、特征进行统计分析,总结出天津市跆拳道产业发展的特点和存在问题。

(4)案例分析法:选取天津市跆拳道产业发展中优质案例,从体育产业基础的视角校正和审视天津市跆拳道产业的发展模式和定位。

三、创新之处及意义

在学术思想、学术观点、研究方法等方面的特色和创新之处:

(1)本书结合现代产业发展模式的新特征,深入研究天津市跆拳道产业发展的模式,为进一步提升天津市跆拳道产业的规范化、品牌化、专业化的发展提供理论参考。

(2)服务地方经济发展。本书可以对天津市跆拳道产业又好又快地发展提供认知基础。天津市在环渤海经济圈中占有重要地位,随着新一轮的国际经济秩序调整期带来的发展机遇和挑战,随着“京津冀”一体化商业圈的建立,天津市需要迅速调整和优化产业结构,解决在原有发展模式中遇到的瓶颈和困惑,发展高品质、高附加值、绿色、环保的现代化服务产业。

(3)通过对跆拳道产业发展进行研究带动和延伸产业链,形成推进其他行业的联动机制。

本书的研究意义主要体现在:

(1)通过对天津市跆拳道产业发展模式的理论研究和分析讨论,可以进一步丰富天津市产业经济内容,使理论与实践更加深入结合,有利于跆拳道产业专业人才的培养和专业素养的提升,以及进一步完善跆拳道产业发展。

(2)进一步了解跆拳道产业发展的相关知识,为产业发展提供理论支撑,有助于跆拳道行业从业人员,特别是管理者理解天津市跆拳道产业未来发展方向，看清所处环境，合理指定自身发展目标。

(3)通过对天津市跆拳道产业发展模式的研究和相关知识学习，有助于行业管理者对于跆拳道产业的知识和理论有进一步深入的了解和学习，为跆拳道产业更好地发展提供理论指导和参考。

第二章 体育产业相关进展研究

概念是指人类在认识过程中，从感性认识上升到理性认识，把所感知的事物的共同本质特点抽象出来加以概括，是自我认知意识的一种表达。概念是人们对一种事物给予的可操作性定义，是对于事物、问题进行判断的依据，如果概念不清楚，我们对于事物的认识和评判就会出现模糊，就很难进行评判和认定。任何的概念都具有两个基本特征，即概念的内涵和概念的外延。概念的内涵是指这个概念的含义，即该概念所反映的事物对象所特有的属性。所以，我们在研究跆拳道产业时，先通过产业经济学中对于产业的定义来厘清产业的概念。产业是具有某种同类属性的企业经济活动的集合。首先，从需求角度来说，是指具有同类或相同密切竞争关系和替代关系的产品和服务；其次，从供给角度来说，是指具有类似生产技术、生产过程、生产工艺等特征的物质生产活动和经济性质的服务活动①。

"产业"是在国民经济中按照一定的社会分工原则，为了满足社会的需要而进行划分的从事产品生产和作业的各个部门，是社会生产力以及社会分工不断发展的产物。那么产业发展模式则是属于现代产业组织理论的研究范畴。产业是指由利益相互联系的、具有不同分工的、由各个相关行业所组成的业态总称，尽管它

① 周波.论体育产业核心竞争力[D].湖南师范大学博士学位论文，2013.

们的经营方式、经营形态、企业模式和流通环节有所不同,但是,它们的经营对象和经营范围是围绕着共同产品而展开的,并且可以在构成业态的各个行业内部完成各自的循环。在大数据背景下,如果市场环境变化就会影响到产业生产方式和模式等方面的改变。信息化、电子化进程的不断推进,各种新的产业组织和新的产业发展模式像雨后春笋般快速涌现出来,并且快速成长为影响国民经济的强大推动力。

1935 年 A. Fisher 等人提出了三次产业分类法,也是到目前为止在国际经济活动中被广泛认可和运用的产业或行业分类方法,即第一产业为广义的农业,第二产业为广义的工业,第三产业为广义的服务业。按照国际和国内对于此分类的共识,体育产业则属于第三产业。该分类作为各类研究的产业分类法至今一直被广泛应用。

第一节　相关产业理论观点回顾

1. 产业组织理论

哈佛学派的(Structure-Conduct-Performance)SCP 分析框架,1959 年哈佛大学的学者贝恩(J. Bain)出版的《产业组织》一书中系统阐述了产业组织这一理论,以实证的分析方法推导出市场结构→市场行为→市场绩效之间的连锁关系为因果关系。产业在市场竞争中为了获取理想的市场绩效,最重要的方法就是要通过公共政策也就是产业组织政策来调整或者改善市场不合理的结构现状。那么一个企业的市场行为方式受该产业集中度的高低程度的影响和制约,而市场行为又决定了企业市场绩效的效果。因此产业要想在市场中获得优质的、理想的绩效,最重要的方法是通过调整和改善公共政策以及不合理的市场结构来得以实现,同时要限制市场中垄断行为的发展,进而保证市场适度良性竞争。

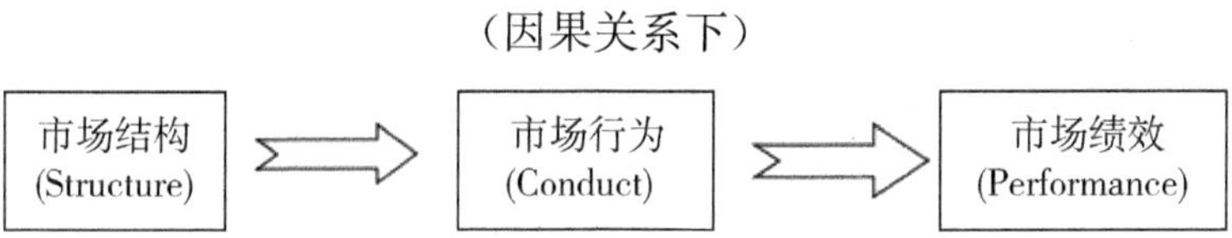

图 2—1 哈佛学派市场结构因果关系

1945 年后以米尔顿·弗里德曼、乔治·施蒂格勒等为代表的芝加哥经济学派认为企业自身的效率才是决定市场结构和市场绩效的基本因素。他们更相信在自由市场中,产业的竞争机制作用才能得以更好地展现,相信市场的力量,相信市场的自我调节能力,通过市场力量自由发挥作用的过程来展现市场竞争。市场中的一个企业或多个企业,一直面临着来自潜在进入者的竞争,因此为了避免和减少带来更多的竞争,现有企业的产品定价和产品数量的选择将会被迫处于一种“无显著超额利润的均衡约束下”。由于该学派坚定地支持新古典经济学价值理论的经济分析,因此在其政策建议中频现以“自由市场”为基础的自由主义思想的观点,同时他们采取一贯反对滥用数学形式主义,并乐意放弃精密严谨的一般均衡理论的逻辑推理而倾向更具有部分均衡分析的方法论。

芝加哥学派提出的观点主要有:①极端强调个人自由,反对个个专断和“权威”;在国家必须干预经济的情况下,强调“法治”,反对“人治”。②特别强调完全竞争的市场机制在调节资本主义经济运行中的重大功能，强烈主张国家对经济生活的干预应减少到必不可少的最低限度。③在发达资本主义国家，经济自由、经济效率与分配均等这三个政策目标，经常是此长彼消、顾此失彼、不可得兼的。因此芝加哥学派主张的理论观点是：①强调经济学应是一门实证科学，所以芝加哥学派的许多成员被称为经济学的实证主义者。②理论分析着眼于资本主义经济的长期均衡，忽视经济政策的短期效果。认为在市场机制充分发挥作用的前提下，资本主义有充分就业的必然趋势。③在理论分析中往往忽视自由竞争条件下的社会福利与私人利益、私人成本与社会成本之间会出现的差别，或者认为这种差别与经济效率或经济自由相比较是微不足道的，这使他们不重视国家在调节资本主义的资源配置和收入分配方面的重要作用。施蒂格勒通过对美国政府管制市场运行的立法(如最低工资立法、租金管制、证券管理法等)研究，得出结论：这类立法事实上并未达到原来旨在达到的保护大多数人利益的效果，制定实施这类立法乃是适应特殊利益集团(公司、工会和专业人员)的要求的政治上的产物，因而施蒂格勒被认为是“管制经济学”的开创者[①]。

20 世纪 80 至 90 年代美国加州大学伯克利分校的奥利弗·威廉姆森(Oliver Williamson)教授以罗纳德·科斯(Ronald Harry Coase)的交易成本理论为基础，建立了关于新型产业组织结构的理论框架。认为企业是为了节约交易费用而存在的，也就是说企业是用较低的内交易费用来代替较高的市场交易费用的组织形式。随后，奥利弗·威廉姆森又以肯尼恩·约瑟夫·阿罗 1969 年提出的经济组织理论为依据，认为当市场失效的时候取而代之的

---

① 谷宏伟. 芝加哥学派的价格理论：贝克尔的经济学“帝国主义”[J]. 石家庄经济学院学报，2011，04(2)：27－32.

资源配置方式并不一定是政府计划，那只不过是传统观念的教条。认为克服市场失败的主体除了政府之外还有“组织”，也就是那些既非政府又非市场的企业组织①。

2. 网络组织理论

20 世纪 90 年代以来，国内外的大量学者开始对一些介于企业和市场之间的中间产业组织形式进行关注和研究，他们把这些新的组织模式称为“网络组织”。大多数学者认为网络组织是指建立在信息技术基础之上的由多个具有纵向或横向经济合作关系的企业构成的柔性组织。这类组织往往跨越企业和行业的边界，以一种较为平等的合作实现利益的多赢②。

网络组织作为一个由地位平等的不同结点组成的系统，是由企业结点的各个不同的子系统所构成的更大一级的系统。并且它们之间的关系是各个子系统之间相互影响和作用，同时又受到上一级系统也就是网络组织的影响，与此同时网络组织也受到各个子系统影响和作用，同时比网络组织更高一级的外部环境系统对其也有直接影响，并且每个网络组织在环境大系统中不是孤立的，它还与其他的网络组织发生联系和相互作用③。

因此，在网络组织的分类方面。被大多数人所接受的有动态联盟组织、供应链组织和产业集群三种主要形式。

(1)动态联盟组织。所谓动态联盟组织严格意义上说并不是

① 牛晓凡，王少枋，朱睿倩. 现代产业发展模式研究[M]. 北京：人民出版社，2012.

② 周红梅. 网络组织及提升制造业产业竞争力的研究[D]. 武汉理工大学博士学位论文，2007.

③ 梅莉. 基于复杂系统科学视角下的网络组织理论研究[J]. 技术经济与管理研究，2015(12)：27－31.

一种严格的契约组织，是为实现目标而有选择地联合起来的组织。它的目的很明确，就是要在快速开发、实现产品、服务社会等方面，在市场上使组织时间、产品质量、产品成本、服务功能这四个因素占有优势。该组织具有动态性、产品多样性、资源互补性、集成性的特点。动态联盟是由不同的公司或企业组成的，它们共同承担成本，也共享技能和资源，是以开拓和抢占快速变化的市场中的机遇而建立起来的临时性联盟组织。由供应商和顾客，甚至包括竞争对手在内组成，它们是通过利用信息技术 IT 连接起来的，用来共享技能和成本，甚至可以进入彼此的市场的，利用网络建立起来的临时性组织。具有以下特征：①它们以信息技术和信息网络为依托。②每个成员的能力都具有独特性：动态联盟是会把具有核心能力的公司或企业联合起来的网络组织。每个成员的核心能力都各不相同，在组织中实现了资源、核心与能力的互补。③具有暂时性和动态性：动态联盟的出现是为了能够快速和低成本的赢得和抢抓市场机遇。一旦完成了此次组建的使命，成员就又重新回到了原来的各个企业原有的角色，并且随时为新的下一个联盟的形成做好准备。④成员企业之间相互信任。⑤组织中结构的扁平化特征：由不同公司或企业组成的具有多种功能的项目组以及来自同一个企业的具有插件兼容式模块的、具有扁平化特性的、具有易于重构的柔性结构特征。在动态联盟的运行中，特别强调每一个成员企业在联盟中的贡献，要求各显其能、各尽其才发挥特长，强调以最快速、最优化的组合赢得市场抢抓机遇。动态联盟组织会在公司或企业资源中寻找“可相接”公司或企业，通过资源的有效整合与选择，进而形成聚合力和竞争优势。该组织也具有成员企业功能上的一些不完整性、在组织结构上的暂时性和在地域上的分散性特色[①]。各取所长快速结盟、目标一致抢抓机遇、目标完成自动解散、寻找目标重新组合成为动态联盟组织的运行程序。

(2)产业供应链组织。所谓产业供应链组织是指围绕产业中核心企业在经营活动中，通过对资金流、信息流、物资流通运输等的有效控制，进而达到从原材料采购开始，制成中间产品以及最终产品，最后由销售网络把产品送到消费者手中的将供应商、制造商、分销商、零售商直到用户连成一个整体的功能网链结构组织。而产业供应链是指经济布局和组织中，不同地区、不同产业之间或相关联行业之间构成的具有链条咬合能力的经济组织关系。它包含所有加盟的节点企业，从原材料供应开始，经过链中不同企业的制造加工、组装、分销等过程直到最终用户。它不仅是一条连接供应商到用户的物料链、信息链、资金链，更是一条价值增值链[②]。从发达国家的实践经验来看，供应链组织模式的发展经历了分包制和合作协议制两种模式。分包制是现代供应链组织模式的初级形式，它是日本企业在 20 世纪 80 年代采用的以长期交易为基础的“准结合”方式。它将存在供求依赖关系的企业链接起来，有效解决了“纵向一体化”所不能解决的内部摩擦、反应速度迟缓和低效率等一系列问题。分包制的典型代表是丰田汽车的“系统化”生产体系和“准时制”的生产方式。美国是实行合作协议制的代表国家，它进行的“横向革命”的基本方法就是企业将有限的资源集中于核心业务，将尽可能多的业务单位分离出去，并与其他企业建立合作伙伴关系，通过不同企业的合作与分工，实现优势互补，减小

① 曾翠兰.基于动态联盟的大型工程项目货物采购的研究[D].武汉理工大学硕士学位论文，2006.

② 李可.我国体育服务业的产业化发展和体育服务管理研究[D].天津大学硕士学位论文，2006.

系统风险，突出核心业务，发挥核心能力的作用，达到“双赢”的效果①。

(3)产业集群。所谓产业集群是指在某一特定的领域中具有互相联系的，在地理位置上具有相对集中的公司、企业和机构的集合。在特定区域中，既具有竞争关系也具有合作关系，在地理上相对集中，具有交互关联性的企业、专业化供应商、服务供应商、金融机构、相关产业的厂商及其他相关机构等组成的群体。因此，产业集群超越了一般产业范围，形成特定地理范围内多个产业相互融合、众多类型机构相互联结的共生体，构成这一区域特色的竞争优势。产业集群发展状况已经成为考察一个经济体，或其中某个区域和地区发展水平的重要指标。

从产业结构和产品结构的角度看，产业集群实际上是某种产品的加工深度和产业链的延伸，在一定意义讲，是产业结构的调整和优化升级。产业集群的核心是在一定空间范围内产业的高集中度，这有利于降低企业的制度成本(包括生产成本、交换成本)，提高规模经济效益和范围经济效益，提高产业和企业的市场竞争力②。

产业集群包括了一批在商业竞争中起着重要作用的、且相互具有联系的产业和实体，并且会向下延伸到销售渠道以及客户，从侧面扩展延伸到相关辅助性的产品制造商和销售商，以及技能、技术或者与其投入相关的产业公司，产业集群还包括提供对产业具有专业化培训、信息研究、教育以及给予技术支持的政府和其他相

① 牛晓凡，王少枋，朱睿倩．现代产业发展模式研究[M]．北京：人民出版社，2012.

② 洪名勇．黔中经济区发展战略研究[M]．贵阳：贵州大学出版社，2011.

关机构[①]。因此产业集群具有以下特征:①空间集聚特征;②灵活专业化生产特征;③网络合作特征;④社会文化特征;⑤自我增强特征。产业集群组织的形成发展就会通过发挥集群外部规模经济和外部范围的经济优势以及区域优质资源与创新环境,促进产业集群组织内部的新企业诞生,进而又会增强对于产业集群组织外部企业的利益关联和利益吸引,进一步对产业集群组织的规模和数量产生影响。形成产业集群的不断积累、消化,发展、壮大的自身成长过程。

第二节　体育产业研究

随着体育产业发展的迅速和兴起,全世界对于体育产业的研究也形成了热潮,可谓"仁者见仁,智者见智"。通过文献调查研究,目前基本可以归纳如下:第一类观点认为体育产业应该是指所有生产和经营体育用品与服务、劳务的各部门的总和。第二类观点认为体育产业是指生产和提供体育服务或劳务产品的部门总和。第三类观点:体育产业有广义与狭义之分[②]。是第一、二类观点的概括和梳理。其实,对于体育产业概念的研究范畴和定义的广窄,取决于研究者的研究理论基础视角和研究视角的广度。当研究者的高度和平台不同时,其研究的视角和见解自然不同;当关注的体育产业的点不同时,其研究的方向自然不同。因此,我们应该站在现代经济发展的视角下、国民现实经济水平下、结合当下政

① 万幼清.产业集群核心竞争力研究[M].北京:人民出版社,2013.

② 周波.论体育产业核心竞争力[D].湖南师范大学博士学位论文,2013.

府体育产业政策引导下对体育产业进行研究。

体育产业作为产业中的一个类别、作为国民经济的一部分，既具有注重市场效益、追求经济效益的产业共性，还具有提高居民身体素质、丰富居民精神文化生活、发展社会生产、振奋民族精神、实现社会文明全面进步的重要功能和价值。因此发展好体育产业意义重大。

在我国经济运行中体育产业市场的很大一部分内容和范畴以及资源还都没有得到开发。因此，不断完善体育产业结构和业态，不断完善体育产业链，不断完善我国市场经济体育产业理论，为我国体育产业快速发展提供有力支撑，使其成为新的国民经济增长点，成为下一步体育产业需要实现的价值和作用。

当我们以现行的国际与国家经济活动分类标准来正视体育产业时，可以对于体育产业中理论分析的一些结论给予更有力的事实支撑。联合国经济和社会事务部统计司制订的《所有经济活动的国际标准行业分类》(*Indexes to the International Standard Classification of Economic Activities*)中，把全部国民经济活动分为 21 大部类，体育属于第 R 类“艺术、娱乐和文娱活动”中的一个小类，代码为 931，行业活动内容包括“体育设施的经营、运动队或俱乐部参加现场体育赛事供付费观众观赏；赛车、赛狗、赛马等有主人驾驭参加比赛和其他供观赏的体育活动；运动教练员在体育活动或竞赛中提供专门指导支持参赛者；比赛场地和场馆的运作；以及体育赛事的组织、宣传和管理等其他未另分类的活动”①。

① 中国合格评定国家认可中心. 管理体系认证活动相关业务范围分类手册[M]. 北京：中国质检出版社；北京：中国标准出版社，2016.

一、国外体育产业研究

体育产业的出现是社会生产力水平发展到了一定的阶段而出现和发展起来的产物，体育产业的发展直接受经济发展水平的影响，也就是说一个国家经济发展水平的高低直接决定着这个国家体育产业发展的水平、规模以及质量。自20世纪以来，随着西方资本主义国家在经济水平上的持续增长，伴随着人们生活水平和生活质量的提高，竞技体育比赛增多，大众休闲体育普遍开展，特别是以运动健身、休闲娱乐为主的各种体育活动快速的蓬勃兴起[①]。体育产业逐渐形成并快速发展，迄今为止随着体育产业的不断发展，其规模和功能以及经济价值也不断显现出来，体育产业的经济开发越来越受到重视，体育产业的发展正朝着规模化和国际化的方向加速前行。

1994年以Pitts和Fielding为代表的学者认为体育产业是为购买者提供体育健身、娱乐、休闲等产品的市场，这里所说的产品既包括物质的也包括思想的，将体育产业划分为：体育表演、体育生产和体育推广。

以美国人阿尔法·米克(Meek)为代表的学者，将体育产业划分为体育休闲、体育娱乐、体育产品和体育服务以及体育支持组织。其中体育休闲娱乐业中包括体育赛事与表演、体育传媒以及体育观赏等产业；所提到的体育产品服务业包括体育产品设计、制造、营销；体育业支持组织包括职业与业余体育赛事的竞赛组织。

2007年Fielding和Li认为体育产业是基于体育为核心，以相关产品生产和服务为单位的产业。在此基础之上，将体育产业分

① 李可. 我国体育服务业的产业化发展和体育服务管理研究［D］. 天津大学硕士学位论文，2006.

为体育支持和生产两类，以体育生产为核心，包括体育竞赛组织和运营，所谓的体育支持包括了体育行政以及体育传媒、体育用品的制造和销售、体育设施建设以及各行政和管理部门。

日本学者宫内孝典在其著作《日本体育产业发展》一书中指出，体育产业包含体育硬件和软件两大类。硬件是指以生产、加工、制造和相关体育供给者；软件是指以体育用品和体育相关信息服务。早稻田大学教授原田宗彦将体育产业分为体育用品业、体育场馆业、体育信息服务业。该组织根据日本经济产业省的《体育未来21世纪》中关于体育产业的分类标准统计得出的体育国民生产总值，即GDSP。在日本，这一指标既包括体育用品和体育服务消费总额，也包括以参与体育活动和观看体育赛事为目的的旅行、体育赛事电视转播等相关消费数额，国英体育博彩销售额，体育用品、体育场馆(场地)及体育设施经营以外的各类体育企业产值，以上产值总和常称为广义的体育产业产值。公益财团法人日本生产性本部出版的《闲暇白皮书(2014)》主要统计闲暇产业的产值数据，其中包括体育类产值，这里的体育类产值仅指体育用品和体育服务的消费总额，不包括参与体育活动和观看体育赛事为目的的旅行、体育赛事电视转播、国营体育竞猜等相关消费数额，以上体育消费总额在日本成为狭义的体育产业产值。日本的体育产业发展方式是以户外运动为主的体育用品市场形成庞大的体育用品消费市场；体育场地及设施的多元化和便利化；企业进入并从事体育产业的开发，增强了体育产业的正外部效应；健康增进需求促进了体育消费。因此可以说，体育产业具有融合型与交叉性，这就决定了其发展必然是多产业、多行业、多企业共同参与的结果，其核心是围绕体育、接力体育、开发和整合体育产品和体育服务①。

韩国体育产业学者朴英玉在其著作《韩国体育产业和供给政策》一书中指出，与体育活动和消费有关的商品和服务的生产和销售即为体育产业。韩国是体育产业后发型国家，起步于20世纪70年代，快速发展于20世纪80年代中后期，体育产业已经成为韩国经济的支柱产业之一；体育服务产业非常发达，以体育竞技业为核心；体育旅游和运动医学市场不断壮大。《体育产业振兴法》促进了体育产业的快速发展，增强了国际竞争力，政府和各类企业积极开发海外体育市场②。

2008年美国体育产业占GDP的比重为3.07%，从经济水平可以看出美国是世界上体育产业发展最好的一个国家，体现了体育作为产业在经济发展中的作用。体育产业在美国主要以职业体育产业、体育健身业、体育娱乐业、体育用品业和体育经纪人等组成。2007年美国体育产业直接或间接创造GDP超过1万亿美元。法国的体育产业占GDP的比重为2.85%，法国体育产业发展的特点是政府主导下的体育与经济融合发展。日本2007年体育产业占GDP的比重为2.24%，日本政府很重视体育产业的发展，成立了专门的机构来研究体育产业的发展③。

二、国内体育产业研究

1995年，原国家体委主任伍绍祖同志在全国体委主任会议上

---

① 郑和明，尚志强，薛林峰．日本的体育产业发展现状、发展方式及启示[J]．首都体育学院学报，2020(02)：116－121、145.

② 金春光，车旭升．韩国体育产业发展[J]．体育文化导刊，2011(09)：93－97.

③ 梁进．中国体育产业化过程中的政府职能转变[J]．北京体育大学学报，2004，23(2)：37－39.

所做的《加快体育事业步伐，促进体育事业发展》报告中就将体育产业概括为体育本体产业（指由体育部门归口管理的，发挥体育自身价值功能的，以提供体育服务为主的生产和经营活动的总合）、体育相关产业（指与体育有关的生产、经营活动，如体育场地、器械、运动服装、运动食品、体育广告、体育传媒等）和体办产业（指体育部门为创收和补助体育事业发展的体育主体产业以外的各类生产、经营活动）[①②]。我们可以比较清楚地对体育产业的定义和范畴概括为体育产业是一切与体育相关的生产活动与经营活动的总和，是体育为本体或关联的产业。这也是在我国对于体育产业的再一次认识和对于发展体育产业的思想提升和加固。

赵炳璞等则将体育产业界定为：体育本体产业为主、与体育运动有关的一切生产经营活动。并将体育产业划分为三大类：第一类，体育本体产业，指由体育部门归口管理的、发挥体育自身价值和功能的、以提供体育服务为主的体育生产经营活动，如竞技体育产业、群众体育产业、体育场馆产业、体育科技产业、体育无形资产产业等；第二类，体育相关产业，指与体育有关的其他产业的生产经营活动，如体育场地、器材、用品、服装、传媒等的生产和经营；第三类，体育内部产业，是指从事体育工作的人员，在分工、分流后所办的产业，体育部门利用体育部门的人、财、物的条件，所从事的其他各类生产经营活动[③]。

学者卢元镇在其著作《体育产业成为我国国民经济新增长点的研究》中把体育产业解释为是一种通过体育自身的作用和功能及其辐射的作用所创造出价值的产业，在社会经济发展中以提供

---

① 周波．论体育产业核心竞争力［D］．湖南师范大学博士学位论文，2013．

② 赵炳璞，等．体育产业政策体系研究［J］．体育科学，1997，17(4)：1－7．

③ 赵炳璞，等．体育产业政策体系研究［J］．体育科学，1997，17(4)：1－7．

体育产品和服务的同一类活动的集合及其经济部门的总和。这里的体育产品主要包括了体育用品与体育服务两类。这里所提到的经济部门不仅包括企业，还包括各种从事经营性活动的机构如事业单位、社会团体、家庭或个人[①]。从经济学的角度对于体育产业给出了明确的定义。

2015 年杨铁黎、王子朴在《体育产业概论》一书，认为体育产业是一个复合的产业群，主要由体育健身、体育娱乐、体育竞赛、体育表演、体育培训等构成的本体产业；同时由体育场馆设施和器材设备提供的相关性服务所构成的相关产业；由体育信息、体育博彩、体育保险和金融等构成的社会服务性的辅助延伸相关产业；乃至为保证主体产业服务质量而开展的衣、食、住、行等服务性的边缘产业集合而成[②]。认为体育产业就是提供体育劳务(或服务)这种非实物形态的特殊消费品的产业部门。

著名体育学者鲍明晓认为，我国的体育产业就是在社会主义市场经济体制下运行的体育事业，是体育事业由传统的计划经济体制转到社会主义市场经济体制下的称谓[③]。对于体育产业与体育事业两个概念称谓的理解是随着不同经济体制下的不同社会经济背景下的产物。

在对于体育产业的划分与类别归属问题上，也有学者持不同观点和见解，从湖平认为，从产业经济学的视角、通过产业划分的标准以及逻辑分析方法可以清楚地看到把生产体育物质产品的企业纳入体育产业的范畴是严重的外延泛化，有悖于逻辑与规则，并

---

① 卢元镇.体育产业成为我国国民经济新增长点的研究—体育产业现状、趋势与对策[M].北京：人民体育出版社，2001.

② 杨铁黎，王子朴.体育产业概论[M].北京：高等教育出版社.2015.

③ 鲍明晓.中国体育产业发展报告[M].北京：人民体育出版社.2006.

指出了支持“体育产业是生产和提供体育、运动服务或劳务产品的企业集合，或称以劳动形式向全社会提供各类体育服务的行业总合”。还指出体育场馆是建筑产业的产品，体育设备和体育用品是制造产业的产品，体育运动服装、鞋帽是服装制造业的产品，所以不能把建筑业、制造业、服装业列入体育产业的范畴之中，只能是属于体育产业的相关或者关联产业①。

第三节　我国体育产业的发展和主要业态

体育产品既包括有形的体育用品，也包括无形的体育服务。体育产业在我国可以说是一个新兴的朝阳产业。随着我国经济水平的不断提升，进而人民的生活水平和质量也得到了提高，体育产业中的功能与作用将越来越被人们所接受和参与。

一、我国体育产业的发展

由于我国体育产业的发展总体水平不高，很多年来体育事业一直以福利事业的身份在社会中承担职责，严重制约了我国体育事业发展的积极性和主动性。随着经济水平的不断提高，人们对体育需求的不断加剧，体育事业的发展规模在不断地扩大，而体育事业经费需求就会不断提升和增加，政府财政的供给额度已经不能满足体育事业的发展需求，并且两者之间的差距在逐渐加大，严重阻碍了体育事业的发展。如果没有厘清体育事业与体育产业的

① 丛湖平.体育产业若干界说的辨析及相关问题的讨论[J].中国体育科技，2001,37(12):2—4.

关系，就会把体育事业和体育产业混为一谈，因此我们应该捋清我国体育事业到体育产业的发展历程，了解并深入挖掘当下体育产业的发展要素，充分发挥体育产业的价值和功能，才能更好地服务体育事业，推进我国体育事业发展，为经济社会发展服务。

1985 年国务院批转了国家统计局《关于建立第三产业的统计报告》，体育被列入第三产业，从而使其产业性质得到了确认，自此我国的体育产业首次在政策支持下向前摸索发展①。

国家体委于 1986 年 4 月发布了《关于体育体制改革的决定(草案)》，《草案》中提出体育体制改革的 10 大类 53 项改革措施，这是我国体育体制改革、社会化进程迈出的有力一步，具有标志性意义。《草案》指出了现行体育体制的弊端，明确了体育体制改革的目标和方针，积极推进体育社会化、科学化，发展体育旅游和竞赛，有计划控制发行全国性“发展体育基金奖券”等体育产业化发展的具体措施②。

紧接着国家体委又于 1989 年 6 月 12 日发布了《关于国家体委各直属企事业单位、单项体育协会通过体育广告、社会赞助所得的资金、物品管理暂行规定》。《规定》就通过体育广告和社会赞助筹集体育资金、推动社会力量发挥积极性办体育的优惠政策。

1991 年 8 月 29 日，国家体委颁布了《外国人来华登山管理办法》。这是当时我国体育主管部门颁布的第一部关于体育经营活动中的管理办法和规章。随着一系列相关文件政策的出台，我国的体育产业发展迈出了新步伐。经过多年发展，如今体育赞助、体育广告宣传、体育博彩、体育文化旅游等已经成为我国体育产业发

① 国家统计局统计设计管理司. 三次产业划分规定[J]. 中国统计，2003(11)：1.

② 国家体委政策研究室. 体育运动文件选编(1982—1986)［M］. 北京：人民体育出版社，1989.

展的重要支柱力量。在此期间体育彩票尤为突出,1987—1994 年,为第六届全运会、第二届城市运动会、第十一届亚运会、43 届世界乒乓球锦标赛等重大赛事提供了经费支持和保障。尤其是 1994 年 3 月,国务院批准在全国统一公开发行体育彩票,体育产业发展助推体育事业发展。仅 1994－1995 年度我国体育彩票的发行总额就达到 10 亿元人民币,同年 4 月,国家体委体育彩票管理中心挂牌成立。时至今日,体育彩票的种类和玩法在不断增加和丰富,已然成为我国体育产业中的重要支柱之一。

1995 年 6 月国家体委发布了《1995－2010 年体育产业发展纲要》,提出了中国体育产业要用 15 年发展时间,建设成适合社会主义市场经济体制,符合现代化体育运动规律、门类齐全、结构合理、规范发展的现代体育产业体系。《纲要》还提出了"充分调动各方面的积极性、发展体育产业""积极培养体育健身娱乐市场""大力发展体育竞赛表演市场""培育和发展体育人才、技术信息等要素市场"[①]等基本政策。提出了"加快发展体育产业、引导全民体育消费",并将体育产业与竞技体育、群众体育并列,将体育产业提升到了前所未有的高度。这也是我国在体育事业发展的进程中,第一次吹响体育产业开发和发展的前进号角,提出了要求,指明了方向。

1998 年 7 月,国家发展计划委员会发布了《关于发展第三产业扩大就业的指导意见》。《指导意见》提出了加快发展第三产业扩大就业的指导方针"推进文化、体育、卫生、教育、科技等领域里的体制改革,加快有条件的行业产业化的步伐,加快有条件的第三产业单位从福利型、事业型转变为经营型、企业型"。还指出"文化、

---

① 江和平,张海潮. 中国体育产业发展报告 2008－2010［M］. 北京:社会科学文献出版社,2010.

体育产业发展的方向是满足居民文化和体育消费需求,培育和规范文化市场、体育市场”。体育产业的连带作用和关联作用开始得到重视,可以清楚地看到从领导层面到管理层面已经由以前的政府行为的体育事业发展,开始向鼓励市场运行,推进产业发展的方向引领。

2003年5月14日,国家统计局印发《三次产业划分规定》,对国民经济行业分类进行了重新的调整,修订后的三次产业划分将体育与文化和娱乐一起组成文化、体育和娱乐业,体育产业包括体育组织、体育场馆和其他体育三个门类。此次分类将体育与文化和娱乐产业组合在一起,符合联合国标准产业分类原则,也与很多发达国家的产业分类标准接近或相似①。但是此次产业划分将高尔夫、滑雪、台球、跑马、保龄球等体育产业的内容,划分在娱乐产业中,体现出我国在体育产业的理论划分上依据不完整、对体育产业的分类研究还够不完善。

“十一五”(2006—2010年)时期,是我国经济快速发展时期,也为体育产业发展提供了沃土和空间。2006年“十一五”初我国体育产业增加值为983.09亿元,2010年的“十一五”末我国体育产业增加值是2219.9亿元,是2006年的2.25倍,充分说明了我国体育产业在此期间得到了快速发展,体育产业的总量和规模都有较大增长。特别是2008年第29届奥运会在北京的成功举办,进一步促进了体育产业的市场发展。据相关数据统计显示,由于2008年北京奥运会的举办,北京市因此新增就业岗位多达150万个,同时还拉动了相关产业的发展,并辐射与带动了建筑、地产、器材、服装、交通、食品、旅游、保险、通讯、广告、媒体、文化用品等诸多行业的发

① 李忠玺.浅谈中国体育产业发展现状及其重要性[J].大庆高等专科学校学报,2003(4):77—78.

展,体育产业的产业功能和市场经济价值得到体现。

在“十一五”期间,作为体育产业的体育服务业、体育用品业、体育建筑业均有增加,但体育用品业始终占据着体育产业总量的一半以上,其增长值也占体育产业增长值的一半以上,成为在这一时期内我国体育产业发展的主力军,也说明我国体育产业的发展不均衡和可发展空间巨大。

国务院办公厅于2010年3月下发了《关于加快发展体育产业的指导意见》(国办发〔2010〕22号),指出:“加快发展体育产业,对拓展体育发展空间,丰富群众体育生活,培养体育人才,提高全民族身体素质、生活质量和竞技体育水平,促进我国由体育大国向体育强国的转变,促进经济社会协调发展,具有重要意义。”还指出:“各级政府要高度重视促进体育产业的发展,把体育产业发展纳入经济与社会发展规划,制定和组织实施体育产业发展规划。”①这是我国在国家层面上第一次对体育产业的发展提出具体的部署和要求,因此全面深入推进体育产业的发展,使其成为我国国民经济新增长点已成为亟待解决的问题。

通过对《关于加快发展体育产业的指导意见》的解读,认为体育产业的发展是建设体育强国的重要标志和内容之一,《关于加快发展体育产业的指导意见》的出台,力图突破体育产业发展瓶颈;破除体制束缚,建立体育产业健康发展的体制机制;积极开发体育竞赛表演市场,破除赛事垄断,建立本体产业做强做大的市场机制;培育体育骨干企业,破除民营企业投资壁垒,建立体育产业发展的新平台;加大体育用品业品牌建设,破除行业非标准化,体育产业结构高级化进程开始演进;加大投资融资力度,破除资本障

① 国务院办公厅.国务院办公厅关于加快发展体育产业的指导意见[R].2010-3-19.

碍,建立体育产业健康发展的资金动力机制[①]。

“十二五”(2011—2015年)时期是我国全面建设小康社会的关键时期,是深化改革开放,加速转变经济发展方式的攻坚时期,也是推动体育强国建设、促进体育产业快速成长的重要阶段。《国民经济和社会发展第十二个五年计划纲要》对体育产业提出了总的规划目标:“发展健身休闲体育,开发体育竞赛和表演市场,发展体育用品、体育中介和场馆运营等服务,促进体育事业和体育产业协调发展。”[②]国家体育总局制定的《体育事业发展“十二五”规划》中第五条“加快发展体育产业,增强体育产业竞争力”[③]是对我国体育产业的发展的政策性指导和引领。“十二五”时期我国体育事业的改革要朝着服务民生、完善体育公共服务体系、提高足球运动水平和发展有区域特色的体育产业等方向发展[④]。

2012年3月5日温家宝总理在《政府工作报告》中首次提出“促进体育事业和体育产业协调发展”“鼓励健身消费”等观点,又一次证明政府已将目光投向体育产业,伴随着我国改革开放和经济体制改革的不断推进和深入,体育产业的发展也将不断得到提升和扩展,进一步丰富社会经济发展内容。

目前,随着我国市场经济的不断推进,我国的体育产业也开始发展起来,但相对起步较晚,同时,体育系统人事制度与市场经济

---

① 于洋.从《体育事业发展“十二五”规划》看中国体育发展方向[J].河北体育学院学报,2014(3):38—42.

② 中华人民共和国国民经济和社会发展第十二个五年规划纲要[R].2011-3-16.http://www.gov.cn.

③ 国家体育总局关于印发《体育产业“十二五”规划》的通知体经字[2011]178号.

④ 刘欣葵.体育设施建设与北京城市发展定位.北京市文化史暨第八次北京学术研讨会[C].2006,12:352—360.

运行之间的业务对接从思想上、意识上还存在一定距离，需要不断磨合，现有的体育系统工作人员还存在铁饭碗思想、存在平均主义思想、存在事业编制优越性思想，这些严重阻碍了体育产业市场化发展的进程。起点低是体育系统的体育产业发展特点，他们的体育服务行业多数还停留在场地出租、设备租赁和技术指导等低层次的体育经营管理阶段。从整体上看，我国的体育产业无论从规模、产业结构、经济效益、还是技术层次水平都没有达到一个健全、完善、成熟的产业部门水平。因此，我国体育产业的开发、发展、壮大与发达国家相比还存在较大差距，在市场经济中体育产业的经济价值和功能还没有完全显现出来。大力发展体育产业是我国经济体制改革的必然结果，其发展空间广阔，势必将成为我国国民经济新的经济增长点。

二、我国体育产业的主要业态

体育产业作为一种产业、一类经济活动的集合，其内涵具有动态性特点。体育产业的产生是在体育活动过程中对于体育产品和服务以及功能的需求不断提升，社会经济、文化不断发展进步以及人们对精神文化生活需求的提高而产生和发展起来的。体育产品中的产品可以是物质的也可以是文化精神的，因此体育产业中的产业形式具有动态性，是随着社会经济水平的提高、人们物质生活水平和精神文化生活的不断提高、体育参与者的个性化需求提升、技术水平不断进步而发展演进出来的。针对不同体育消费者的特定或者个性化需求，按照一定的战略目标，有选择地运用商品经营结构、店铺位置和规模以及形态、价格政策、销售方式、销售服务等营销手段，提供销售和服务的类型化服务形态。

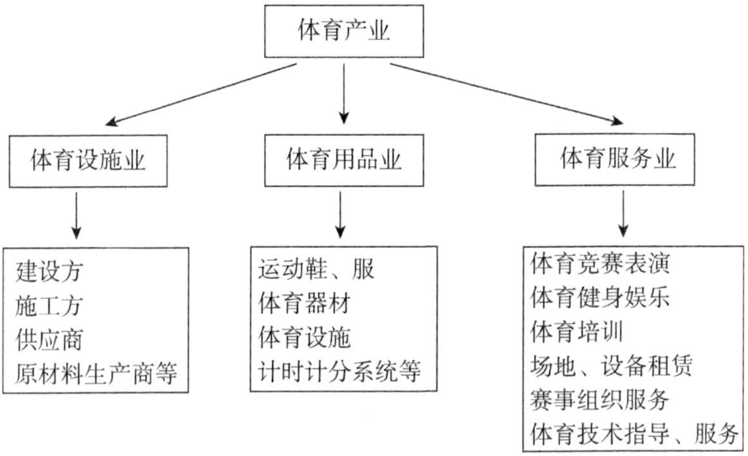

图 2—2　体育产业主要业态关联图

体育设施业是指用于各种体育竞赛、训练、教学、培训以及群众健身等需求使用的场地、建筑物和相关的固定附属设备器材。在体育设施业中又涉及建设方、施工方、供应商、原材料生产商等多个部门和单位。2008 年北京奥运会北京的“鸟巢”“水立方”、天津的“水滴”、青岛的“奥林匹克帆船中心”等体育设施场馆作为体育的另类代名词，成为城市具有代表性的地标建筑。体育产业的发展离不开体育设施业的助力和支撑。体育场馆承接体育赛事，体育赛事推动经济和文化建设，体育场馆又为区域增添文化元素与体育氛围。城市体育设施的建设与城市发展定位应是高度一致性。体育设施的建设是城市发展的重要内容和组成部分，城市发展将为体育设施的建设创造更好的条件并提出更高的要求①。

体育用品业包括体育设施、体育器材、运动鞋帽、运动服装、竞赛计时计分系统等针对不同运动项目的体育器材和用品。中国作

① 牛晓凡，王少枋，朱睿倩. 现代产业发展模式研究[M]. 北京：人民出版社，2012.

为人口大国、体育大国，随着经济水平的不断提升和体育产业的快速发展，像“李宁”“安踏”“361 度”“特步”等一大批体育用品品牌已经成为家喻户晓的体育商品，走向国际赛场，成为国外大型比赛和运动队的赞助品牌。体育用品服务体育赛事，体育赛事宣传体育用品，体育用品的更新换代和技术提升满足和服务人们对于体育消费不断增长的需求。现代体育用品业的发展涉及品牌、市场以及文化等多层次的内容。现代体育用品业的发展经历具有 3 个阶段性特征，即工业化产业革命推动体育用品的兴起、商业化体育推动体育用品的发展、全球化经济时期体育用品业的大繁荣①。

体育服务业作为体育产业的重要代表，包括提供各种各类体育服务产品，如体育培训、场地租赁、设备租赁、赛事组织服务、体育技术指导、技术服务、体育竞赛表演、体育旅游交流、组织体育研讨活动等。很多学者认为体育服务产业才是体育产业的核心和真正代表，其不仅直接参与体育经济活动，而且充分体现体育专业特色和特长。尤其以体育竞赛表演、体育健身娱乐、体育培训作为体育服务业的主要产业业态。体育产业相关政策的出台和消费者对于体育消费的升级，进一步为体育服务业的发展带来重要机遇。但同时，体育服务业也面临大众参与体育服务消费热情不高、体育服务市场主体供给不足、相关体育服务业政策法规不健全等挑战。应以体育服务业内涵发展为目的，提高体育服务发展质量，夯实发展基础，打造行业品牌；以激发体育服务业活力为导向，营造良好政策环境，发挥政府引导作用和服务功能；激发企业参与体育服务市场供给积极性；以优化体育服务业结构为重点，创造发展思路和方式，推动传统体育服务业升级，促进新兴体育服务业态涌现的发

① 朱艳，侯力，周学政.从社会经济发展史视角解析现代体育用品业的演变[J].北京体育大学学报，2017 (7)：12—16、35.

展新路径①。

1. 体育竞赛表演服务业

体育竞赛表演服务业是最直接、最直观的通过专业或职业运动员等专门体育人员，利用自身的身体技能、技艺与活动，所创造和产生出来的具有一定观赏性和娱乐价值的竞赛和表演服务，进而满足社会公众精神文化生活需求的产业活动②。也是体育带给人们最直接的精神享受和人们了解认识体育的最简单和直接的手段。体育竞赛表演服务业发挥了让公众认识体育、了解体育的窗口和宣传作用，是体育对外宣传的主阵地。随着国民经济水平的不断提升，人们对于精神生活的需求也在不断增加和提升，体育竞赛表演以其运动所特有的文化元素、运动美感、精神震撼、竞技感染力，征服和吸引着无数体育消费者，并得到他们的青睐与支持。同时体育的竞赛或表演也给每一位观众在压力缓解、竞争意识提升、积极向上、情趣建立、陶冶情操等各个方面起到了健康的、积极的引导作用。体育竞赛表演产业的发展可以促进电视广播、体育传媒、体育器材、体育中介等行业的发展，并能促进交通、餐饮、住宿、旅游等相关产业的发展，对经济社会发展的综合效应明显。体育竞赛表演的传播方面，从传统媒体到新媒体，都以“最高生产力”投入赛事报道。随着受众需求水平的不断提高，对于供给端依然专注于过程或结果的笼统报道显然已经过时。大数据的广泛使用，特别是对体育竞赛中的技术、战术分析等，不仅可以提供训练和游戏，帮助运动员和教练员，也有助于找到一个更专业的观众享

① 姜静静. 我国体育服务业转型升级：机遇、挑战与路径[J]. 西安体育学院学报，2018 (2)：179－184.

② 周波. 论体育产业核心竞争力 [D]. 湖南师范大学博士学位论文，2013.

受游戏的关键。因为大数据是以对海量的数据在体育赛事直播中的作业，重要的一个环节就是如何实现更好的受众体验[①]。

2. 体育健身娱乐服务业

作为体育经济的重要组成部分，社会体育的主要内容是体育产业主体的体育健身娱乐服务业，指专门从业人员通过提供特定的场所或场地、器材器械以及技术指导和咨询的相关服务，为社会公众提供在闲暇时间自觉、自愿、有偿地参与身体康复、锻炼、休闲、娱乐的产业活动。体育健身娱乐服务业最大特点在于通过健身娱乐产品的消费活动既能够体现经济消费功能又能实现消费者自我参与的满足感。通过体育健身娱乐活动的参与或练习，能够使人在身心健康平衡、健康情趣培养、自我成就感满足、社会人际交往等方面都有很好的体现。这也是体育健身娱乐服务业在现代社会的人们生活中占据一席之地的重要原因。因此，健身活动已经成为现代人生活中较为重要的一部分。体育健身、娱乐服务业必须把握市场脉搏和方向，找准市场定位，深挖产业潜力，提升专业水平，降低成本，开发特色，适应、满足广大消费者需求；提升管理水平，着力体育消费市场的开发和培育；优化和打造投资和经营环境[②]。

3. 体育培训服务业

体育培训服务业是一种体育培训产品交易的场所以及其相关

① 陈立春. 新媒体时代体育竞赛表演的传播策略研究[J]. 吉林体育学院学报，2017,8 (4)：11－14.

② 李鹏飞，马海峰，姚卫. 我国体育健身娱乐业的发展现状及对策的研究综述[J]. 中国科技投资，2013.(Z4)：5.

的各种体育活动交易关系，从而实现社会资源的优化配置。具体是指在专业场所、场地专门从事以体育技术、技能培训为产品的有偿经济活动。目前我国在体育培训服务业方面的法律法规还有待进一步完善，因为培训业市场已悄然成为体育产业中的一支新生力量。起到了安置和吸纳体育专业人员就业或创业，为社会提供需求，为社会经济增长做出贡献的功效。在体育培训产业中主要是指从事各类专业体育培训活动的各级业余体育学校和民办非企业机构，具体包括以下几类：①各级业余体育学校；②各种专业运动辅导机构（篮球、足球、乒乓球、羽毛球、网球、游泳、田径、高尔夫球、跆拳道等运动辅导和培训机构）；③各类群众性体育培训机构；④各类有培训课程的健身培训俱乐部等。

目前我国青少年体育培训业发展具有以下特点：处于教育与体育的交叉赛道，教育产业和体育产业都具有极强的政策引领属性，作为体育与教育产业的交叉领域，政策利好有望带来更多机会；区域协同效应较弱，上下游产业链不完备，职业赛事短缺，消费者的认知存在壁垒；发展周期长，从业者要深耕产业资源，打造品牌效应；产业联动性强，培训业的发展也推进了装备制造业、体育用品制造业的标准化与智能化，体育培训一方面会受其他产业的影响，同时又可以在一定程度上促进其他相关产业的发展；多元性与不平衡性，受环境、交通、人口、经济水平等因素的影响，呈现较强的地区差异性。因此，加大政策支持力度，完善体育培训体系，优化供给结构，加强人才培养，积极培育行业标杆企业等是推进青少年体育培训业良性发展的对策[①]。

---

① 鹿云昭，陈元欣，刘恒. 我国青少年体育培训业的发展特点、内容及对策 [J]. 湖北体育科技，2019 (7)：588－591.

第四节　天津市体育产业的现状

天津市是我国的历史文化名城之一，素有“近代中国看天津”之称。天津市作为我国的四大直辖市之一，经济稳步发展，体育产业综合发展条件独特，优势明显。天津是现代体育进入中国的门户，中国最早的篮球、排球、网球、拳击等运动都留下了天津的印记。天津也是中国著名的现代体育用品生产制造基地，像“梅花”牌运动服、“春合”牌体育器材、“729”牌乒乓球系列体育器材驰名国内外。天津作为2008年第29届北京奥运会的协办城市，还先后举办了2012年第九届全国大学生运动会、2013年第六届东亚运动会、2017年第十三届全国运动会以及2019年第十届全国残奥会暨第七届特殊奥运会，这一系列重大体育赛事的成功举办为天津体育事业和体育产业的发展带来了前所未有的机遇。

近年来，天津市体育系统深入推动健身休闲产业发展，加大体育产业发展扶持力度，体育彩票销售更加安全规范，发展良好。2014年，国务院发布了《关于加快发展体育产业促进体育消费的若干意见》，确定了2025年体育产业总规模超过“5万亿”的发展目标；2015年，天津市政府发布了《天津市人民政府关于加快发展体育产业促进体育消费的实施意见》，在未来10年里天津体育产业发展目标如下：建设10个市级体育产业基地、10项高水平体育品牌竞赛、100项全民健身品牌活动。体育产业总规模达到1000亿元。人均体育场面积2.5平方米，经常参加体育锻炼的人数达到48%。群众体育健身消费意识显著增强。体育公共服务覆盖全民，建立了较为完善的全民健身公共体系。基本形成了体育竞赛成绩、健身休闲、场馆服务、中介培训、媒体信息服务、体育用品生产销售等体育产业体系[①②]。体育产业具有扩大经济内部需求、提高国民经济发展质量、优化产业结构的作用，是“战略性”产业。同时，体育改革和体育产业发展政策措施的针对性、可操作性和支持性也超出预期[③]。针对体育产业、体育文化卫生、旅游、休闲娱乐等政策的有效性已经开始显现。

2015 年 11 月 9 日，首届天津市体育产业发展论坛在天津市举行。主题是城市体育产业的定位和布局。来自天津市一百多家体育产业公司的有关领导、嘉宾、专家和企业家参加了如何促进天津体育产业健康、有序、快速发展的讨论。在论坛期间，天津市体育局解读了天津市体育产业发展的目标以及定位布局。

随着国民经济水平的不断提高，体育产业具有成为新的经济增长点的潜力巨大。根据相关调查得到，2018 年，中国人均 GDP 已近 1 万美元，但人均在体育方面的消费仅为 714 元(约合 105 美元)，仅为世界体育消费平均水平的十分之一。2018 年，天津市人均国内生产总值为 120710.8 元人民币，约合 1.7 万多美元。按照世界银行的标准，我们已经进入高收入水平的行列。根据消费结构的变化规律，现阶段的生存消费将向服务消费转移和升级，人们将会对娱乐、文化、体育、健身的需求不断增长，体育消费会迅速增长。

体育产业的发展离不开政府财政的支持，体育产业争取和建

---

① 天津市体育产业的定位与布局［N］天津日报. 2015-11-18.

② 腾达. 未来十年体育产业总规模江大 1000 亿［N］天津日报. 2015-07-31.

③ 侯迎锋. 天津体育产业集群发展研究 ．“四个全面”·创新发展·天津机遇——天津市社会科学界第十一届学术年会优秀论文集(下)［C］. 2015.

立财政支持的方法有两种:第一,围绕体育产业发展,通过政府引导资金,充分发挥政府财政资金的杠杆作用;第二,引导和利用社会资金进入体育产业,凝聚社会经济资本,建立产业发展基金,促进体育产业集群发展。倡导建立体育行业协会,组织社会力量,共同关注体育经济,围绕产业可持续发展,尽快形成行业标准、行业发展规划和行业自身的实施规范。充分发挥行业协会等社会组织的政府与市场之间的桥梁和纽带作用,促进天津体育产业的全面转型和发展,创新体育赛事的服务平台和运行模式,与全社会共享体育资源①。

天津体育主管部门依托体育彩票大力构建全民健身公共服务体系,下大力气增加体育健身设施和设备,实施体育路径工程,丰富全民健身赛事活动。天津市《关于加快体育产业发展,促进体育消费的意见》中还明确提出,要求全市各区县要达到“五个一”建设标准,即一个体育场、一个游泳池、一个体育馆、一个中心(国家健身中心)和一个公园(体育公园)。建设 200 个综合性社区多功能体育场馆,突出足球项目;依托蓟州区山林,建设 50 条攀岩小径和一批攀岩设施;新建大型健身公园 20 个,郊野公园户外营地 50 个,健身步道 30 条,自行车道和轮滑道。

随着 2022 年北京一张家口冬奥会的推进,依托京津冀一体化的特殊地位,以及滨海新区在环渤海经济圈和国家级创新城区的试点地位,对滨海新区进行转型升级,使滨海新区在环渤海经济圈和国家级创新城区中的地位得到提升,加快天津市传统体育用品生产企业的科学研发、重组和上市。天津市竞技体育在高尔夫球、马术等项目上积极与体育企业合作,在全国竞技体育赛场创造了

① 天津市体育产业的定位与布局[N]. 天津日报. 2015-11-18.

较好的成绩，从第十三届全国运动上天津代表团马术运动员的闪亮登场到高尔夫球在第二届全国青年运动会上获 7 枚金牌的丰硕成绩，形成了天津体育产业助力竞技体育发展的成功合作。

第三章　跆拳道产业发展的理论基础

产业是一种社会分工现象，所以说产业的形成源于社会分工。体育产业作为第三产业是在人们经济水平不断发展和提升的前提下不断发展起来的。跆拳道运动作为奥林匹克正式比赛项目，属于技能主导类，同场搏击对抗项目。跆拳道运动的发展迅速，成为青少年参与度较高的体育运动之一，是其产业快速发展起来的主要原因。由于跆拳道产业发展模式研究涉及区域经济学、产业经济学和政府治理理论等知识，因此，本研究从跨学科的角度，以产业经济学、消费经济学、区域经济发展理论作为跆拳道产业研究的理论基础对天津市跆拳道产业发展模式的研究提供理论支撑，进而对进一步分析和评价现有的天津市跆拳道产业发展现状和存在问题、影响因素提供帮助。

第一节　产业经济学的基本理论

产业经济学是从“产业”这一角度出发，在以工业为核心的经济领域中探索讨论产业间结构关系，寻找产业内企业组织结构变化的规律以及研究这些规律的方法，是基于行业内部对于产业组织、结构、发展、布局、产业链上下游关系以及关联产业的问题研究。

一、产业结构理论

产业结构理论主要是研究产业结构的演变及其对经济发展的影响。它主要从经济发展的角度研究产业间的资源占有关系、产业结构的层次演化,从而为制定产业结构的规划与优化政策提供理论依据①。对于产业结构理论的研究,由于我们研究的参照和范围不同,因此产业结构理论的研究思路大致可以分为两种:一种是从广义的产业概念出发研究产业间的关系及其演进规律;另一种是从狭义的角度,即以工业部门内各产业间的关系来研究并考察产业间的结构变化。产业结构的研究对于后发国家加快产业结构转换来加快经济发展提供了可能性,也为后发国家带来了由于强制性结构转换不恰当而造成资源使用更大浪费的危险性。因此研究产业结构对于中国这样的国家具有非常大的借鉴意义②。

作为理论研究,产业结构理论的发展主要体现在以下两个方面:一是产业结构的日趋软化,随着"新兴产业"不断成为新的独立部门,随着时间在产业中的推移,在经济快速发展的过程中,各种不同产业的发展速度逐渐形成分化。一些高速增长的产业在国民生产总值的比重不断上升,一些衰退产业的比重则不断趋于下降直至消失。因此,产业结构向着技术创新与知识密集化、产业结构日趋软化的方向发展。特别是在数码信息处理与通信技术爆炸性发展的今天,企业的生产方式、组织形式、技术体系的发展都在发生根本性的变化,导致产业进行了新的分工,一批被称为"新兴产业"的独立产业部门(包括自然资源产业、环境产业和高技术产

---

① 范金,郑庆武,梅娟. 应用产业经济学[M]. 北京:经济管理出版社,2004.

② 杨公朴. 产业经济学[M]. 上海:复旦大学出版社,2005:13.

业)[1],成为产业的未来发展方向。二是运用产业结构理论对产业结构优化的研究。产业结构优化理论研究主要是研究如何推动产业结构的科学化、合理化和高质量发展。产业结构发展理论研究主要根据其产业结构的关联技术及相关产业新的经济比例关系,对产业结构进行调整的过程。产业结构理论发展研究将遵循产业结构的客观演化规律,通过技术创新,利用信息化手段,来加速产业结构的高质量发展和结构调整。同时,产业结构优化过程还离不开政府的有关政策调整和产业扶持政策的出台,这些会影响到产业结构变化的供给结构关系和需求结构关系,进而实现产业资源优化配置,形成产业结构的科学化、合理化和高质量发展。建立服务国民经济增长的良好产业结构框架。

二、产业成长理论

产业成长理论与产业周期理论一样是研究产业形成、发展、壮大、衰退过程的理论。产业成长是指一个产业经历其生命周期的过程。主要分为外在和内在表现,一个产业的成长过程从弱小到强大、从不成熟到成熟是外在表现;而一个产业在成长过程中产业的规模、产业技术和产业组织等变化则属于内在变化[2]。一个产业的成长过程离不开由量变到质变的过程,产业有了量的积累,即产品数量、企业数量的不断增加和扩大,才会带动和促进产业规模的扩大、结构的调整和优化,进而推进产业中技术的更新和创新。产业规模和数量的不断扩大和增长是产业市场占有率提升的表现,是产业成长中横向发展的具体表现;产业技术更新和技术创新使

① 陈建勋.中国新材料产业成长与发展研究[M].上海:上海人民出版社,2009.

② 向吉英.经济转型期产业成长与产业投资基金研究[M].北京:中国金融出版社.2010.

产业技术水平提升是产业成长中纵向发展的具体表现。产业横向与纵向的合理发展,体现了产业市场占有版图的大小与稳定。

1. 市场需求加速产业成长

市场是商品和服务价格建立的过程。需求是由于需要而产生的要求,是指消费者购买商品或劳务的欲望和能力。在市场经济活动中只有消费者具有支配能力的前提下才能称之为需求。这种需求我们可以叫作有效需求,是能够实现的需要。马斯洛的需求层次理论指出需求具有多层次性,有生理的需求、情感的需求、社会的需求等。在现实社会中,由于收入差异的原因,需求呈现出了多样性和个性化。随着国民经济水平的普遍提高会出现一种主流需求,这是因为社会多数需求与国民经济水平有着紧密的关系。当主流需求发生变动时,社会整体需求结构会发生变化。市场需求的多层次性决定了产业的多层次性,产业的单一性也决定了市场的单一性。市场需求加速产业成长,对于产业成长具有积极的推动和导向作用。新兴产业有效需求规模的扩大不仅可以推动技术创新,同时又会对有效需求产生刺激作用。“需求结构”是新兴产业成长和发展的又一重要市场因素。虽然我国新兴产业的规模近年来有了较大的增长,但是忽略新兴产业市场需求的结构调整,我国新兴产业的“需求结构”目前总体上还处于全球价值链的低端。将“市场需求”因素具体分解为“需求规模”和“需求结构”两个维度,并将“需求规模”区分为“总体需求”与“有效需求”,从微观层次刻画“总体需求”“有效需求”“需求结构”等市场需求因素与新兴产业成长和发展之间的关系①,有助于我们更加深入具体地分析需

① 熊勇清,印磊,黄健柏. 新兴产业成长中需求拉动作用的实证检验——以新一代信息与电子业为例[J]. 软科学,2015(2):28-32.

求拉动因素的微观作用机制。市场需求数量的快速加大是推动和引导产业成长和成熟的积极有利因素和动力。

2. 投资助推产业成长

投资是创新创业项目孵化的一种形式，是对项目产业化综合体进行资本助推发展的经济活动。投资为产业扩大再生产奠定基础和产业外的扩张。产业成长需要多个要素，投资就是将影响产业成长的这些要素集中起来进行重新组合，达到产业成长结构和资源的优化。投资对于产业的作用主要表现在：一种是直接作用于产品的投资，使产业规模扩大，进而达到商品生产能力的提升，完成产品对于市场需求的最大化满足，实现产业成长的横向发展，体现出量的变化；另一种是加大研发投资，技术的更新和创新，可以提高生产力水平。通过技术进步和技术创新进而实现产业升级，实现产业成长的纵向发展，达到产业成长的质变。产业的形成、壮大就是一个资本的积累过程，同时资本的形成也是投资的结果。科学决策投资的数量对于产业成长非常重要，投资数额过少不能有效助推产业成长，同时投资过多会对产业成长造成不利的影响，因此投资量适度才会积极助推产业成长。充分认识优化投资结构对产业升级的重要作用。长期以来，固有资产投资在我国经济发展中起到十分关键的作用，表现为投资结构优化促进产业结构调整，产业结构升级有效促进经济增长；优化固定资产投资结构，推进供给侧结构性改革。提高投资资源配置效率，发挥资本形成对于产业升级的促进作用①。

① 刘深，黄毅菲. 投资结构优化对产业升级促进作用的实证分析[J]. 金融经济，2020(05)：29－36.

3.技术进步支撑产业成长

技术进步是支撑产业成长的重要因素,也是产业成长的现实基础。在一个产业中技术进步的速度快慢也决定着这个产业成长速度的快慢。技术进步取决于技术更新和技术创新,而技术更新和创新又能很好地实现和满足市场需求,因为技术就是生产力,技术更新和技术创新以及技术发明都可以转化为生产力水平的提升,进而转化成具体的物质财富。但是这种转化的形成需要建立在一定的产业基础上,因为这种转化是通过产业成长过程中规模的不断扩张和生产能力的提高以及市场需求的不断加大来达到并完成的。技术更新和技术创新又是产业成长的必要支撑,因为如果没有技术更新和技术创新以及技术发明,产业的规模扩张就增加了难度,进而很难引发产业成长过程中的产业升级。

4.政策制度扶持产业成长

分工有利于提高劳动熟练程度、改进技术和提高劳动生产率。市场经济水平的不断发展,导致分工的不断深化进而引起交易费用的不断升级,这就需要政策制度的不断创新来提高交易的效率,来促进分工的进一步细化延伸。在这一过程中政策制度起到了至关重要的作用。产业通过占领更多的市场份额,完成产业扩张。产业要成长、要发展就要不断地扩张,产业的不断扩张表现在两个方面,一方面是新企业的不断深入,另一方面是现有企业自身规模的不断扩大。具体表现是市场中多余的资本和现有产业中的资本向新产业转移,而这种资本的转移就需要一些规范的产业进入制度、完善的产业融资制度、适宜的企业兼并制度和资源流动市场制度。相关的制度会使产业内的竞争有序进行,促进产业健康成长。

有效率的制度会对产业成长起到支持作用，产业发展与制度具有高度的匹配关系，保守、僵化的制度会抑制产业的发展，开放、自由的制度则能促进产业的成长[①]。

三、产业竞争力理论

产业成长就要扩张，产业扩张就需要产业竞争力。产业竞争力是什么？产业竞争力亦称产业国际竞争力，指某国或某一地区的某一特定产业相对于他国或地区同一产业在生产效率、满足市场需求、持续获利等方面所体现的竞争能力。目前大家比较公认的产业竞争力理论基础主要有两个：一是比较优势原理。这是古典经济学家大卫·李嘉图的比较优势原理：商品的相对价格差异即比较优势是国际贸易的基础，特定国家应专注于生产率相对较高的领域的生产，以交换低生产率领域的商品。后来，赫克歇尔—俄林理论对传统比较优势理论进行了补充，指出国家之间要素禀赋的差异决定着贸易的流动方向[②]。二是竞争优势理论。波特认为，竞争优势应该是一国财富源泉。比较优势理论认为，一国的竞争力主要来源于劳动力、自然资源、金融资本等物质禀赋的投入，而波特认为这些投入要素在全球化快速发展的今天其作用日趋减少。一国的竞争力不可能由其国土的大小和军队的强弱来决定，因为这些因素与生产率大小没有直接的关系。取而代之的是，国家应该创造一个良好的经济环境和支持性制度，以确保投入要素

① 王立国. 东北滑雪产业发展问题研究[D]. 东北师范大学博士学位论文，2010.

② 陶良虎，张道金. 产业竞争力体系的构建[N]. 光明日报 2006-2-7.

能够高效地使用和升级换代①。

1."钻石模型"理论

"钻石模型"理论是由美国哈佛商学院著名的战略管理学家迈克尔·波特提出的。其理论是通过对多个国家和多个产业的竞争力进行研究的基础上,得出揭示某一特定领域、行业,影响产品生产率和生产率增长的各种因素,如信息水平、激励制度、竞争压力、基础设施以及人力资源等,对这些因素进行归纳梳理得出四大类:即生产要素、市场需求、相关产业与支柱性产业、企业与企业结构以及同业竞争等主要因素,政府行为、机遇等两个辅助因素共同作用而形成的。生产要素是进行社会生产经营活动时所需要的各种社会资源,是维系国民经济运行及市场主体生产经营过程中所必需的基本要素,包括劳动力资源、天然资源、知识资源、资本资源、基础设施、企业家才能;市场需求是本国或地区市场对该产业所能提供的产品或服务的实际需求能力;相关产业与支柱性产业和上下游产业的规模、结构决定了是否具有竞争力;企业战略、企业结构和竞争对手是企业在一个国家的基础、组织和管理形态,其中国内市场竞争对手的表现,决定和影响着企业的战略制定和规划。其中,生产要素、市场需求、相关产业与支柱性产业、企业与企业结构以及同业竞争四个因素是产业竞争力的主要影响因素,也是构成"钻石模型"的主体框架基础。

产业竞争力的四大要素之外还存在两大变量:政府和机会。机会变量是影响国家竞争优势的可变因素。机会具有时间性和偶然性,机会的来源是不好预测的。机会可能是随着市场经济正常

---

① [美]迈克尔·波特.国家竞争优势[M].李明轩,邱如美译.华夏出版社,2002:1-2.

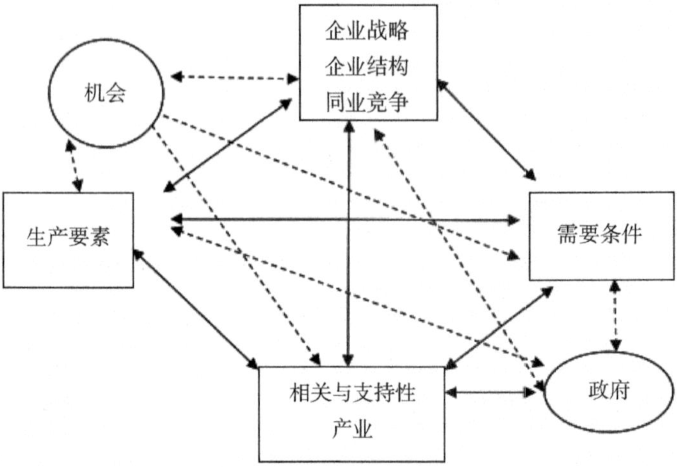

图 3—1　钻石模型体系

的自然演变而来,也可能是由于一个突发的偶然的事件促成,作为企业无法掌控,就是政府有时也无能为力。机会的出现有可能会打破原有的竞争秩序,短时间内出现无序竞争,可能造成产业发展的不连续性、间断或突变,给产业形成"竞争断层"。作为企业的竞争能力水平关键看如何去捕捉机会,因为机会的出现稍纵即逝,从来是不可逆。竞争优势的最后一个大因素是"政府"。政府一直在产业成长、发展以及提升产业的国际竞争力等方面具有导向作用,因为政府通过政策的制定,会影响生产要素、市场需求、相关产业与支柱性产业、企业与企业结构以及同业竞争等主要要素。实践证明,政府过分的干预和极度的放任都是不可取的。合理地选择应该是以产业政策等方式适度的介入,通过上述四个关键因素,间接地对产业国际竞争力提升产生影响[①]。

波特的"钻石模型"构筑了一个全新的产业竞争力研究体系。

① 王立国.东北滑雪产业发展问题研究[D].东北师范大学博士学位论文,2010.

为产业竞争力研究提供了一个直观的、比较完整的分析框架，为进一步研究产业竞争力理论提供了理论参考。

2. 制度决定论

美国诺贝尔经济学奖获得者道格拉斯·诺斯强调制度对于提高产业竞争力的重要性。诺斯不赞成把产业革命的原因归结于技术革命的看法。他认为，“有效的经济组织”是一个国家经济增长的关键。要保持经济组织有效率，强调个人的积极性，需要在产权制度上进行变革。美国另一位经济学家曼库尔·奥尔森也强调制度的重要性，他认为国家竞争力归根结底与该国制度有关，一个国家制度的质量在根本上决定了其经济成效①②。

我国的中国特色社会主义道路决定了我国的公有制经济为主体的经济体制，制度的优越性是中国共产党的领导。在全国体育产业快速发展的今天，跆拳道产业以其综合性强，辐射和关联广，涉及衣、食、住、行、用、游等多个要素，在跆拳道产业发展中各个环节相互补充、互相促进。任何一个环节的弱化与衰退都会影响到跆拳道产业的发展。这就需要政府或体育主管部门对跆拳道产业的各个环节进行协调，而这个机构的最好担当者就是政府。在跆拳道产业的发展过程中各地区政府都在赛事推广、人才引进、政策引导等方面拿出了举措，从而促进了跆拳道产业的发展。

① 宋彦麟. 辽宁省文化产业竞争力研究[D]. 哈尔滨工程大学博士学位论文，2008.

② 陈卓. 河北特色文化与创意旅游产业融合发展研究[M]. 石家庄：河北美术出版社，2015.

3. 产业竞争力发展阶段理论

我们从产业发展的角度来看，产业竞争力理论大多都是静态的产业竞争力理论研究，研究的静止状态难免不够全面，难免形成研究对象选择的视角出现片面和死角。产业发展是一个动态的、多因素的综合过程，产业竞争力研究是复杂的、系统的、严谨的。产业竞争力理论研究应以产业发展的实际为研究对象，研究产业发展在各阶段的竞争力特性与优劣势。产业生命周期理论是研究产业发展的传统理论。产业生命周期理论将产业发展分为形成期、成长期、成熟期和衰退期四个阶段，每个发展阶段有每个发展阶段的特征。结合产业生命周期理论，波特总结出产业竞争力发展的“四阶段理论”，即要素驱动阶段、投资驱动阶段、创新驱动阶段和财富驱动阶段。四个阶段是依次递进的，也可能发生折返[①]。

第二节　消费经济学理论

消费是我们在社会生存中所离不开的一项必要经济活动。消费是社会在生产过程中的一个重要环节，也是最终环节。消费是指人类通过消费商品或劳务以满足自身欲望的一种经济行为。通常消费包括消费产生的原因（消费需求）、消费结构以及消费的影响因素等内容。消费是促进生产和拉动经济的有力推手。

---

① 徐科技．我国省际文化产业竞争力实证分析[D]．南京农业大学硕士学位论文，2008.

一、消费需求

消费需求是人们通过消费活动来满足自身欲望和达到自身需求的一种经济行为。衣食住行等消费需要是人的基本需要,而享受与发展的需要则是人的高级需要。从共产主义这一人类社会最理想形态的提出以及西方经济学家提出的人类社会演进至知识社会、信息社会等理想的社会形态理论,这些社会形态必然是人类社会发展的最高或高级境界。而政治经济学和西方经济学的理想社会模式来自人的本质需要,即需要的多元化和需要的层次性特征①。

1. 消费需要的多元化和层次性

消费需求会随着社会经济的发展发生变化,经济水平的不断提高,消费需求会不断上升,并且呈现多元化、个性化的特征。现代西方行为心理学家马斯洛提出的"需要层次论",对人们的需求

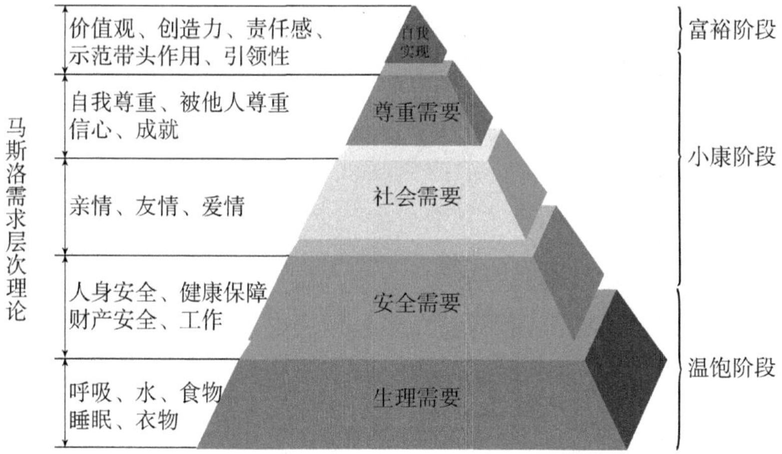

① 陶萍. 我国林业休闲产业发展问题研究[D]. 东北林业大学,2006.

从生理、心理的视角，物质水平的提升所引发的需求变化视角进行了分级分层。马斯洛认为人的需求具有层次性，即人类的基本需要是按优势出现的先后或力量的强弱排列成等级，并将人的基本需要从低到高分为五个层次：即生理需要、安全需要、归属和爱的需要(社交需要)、尊重的需要和自我实现的需要。

2. 消费结构升级

消费结构，是指人们在一定的社会经济条件下，所消费的各种不同内容、不同形式的消费资料(包括劳务)的比例关系。随着社会经济水平的不断发展和提高，消费结构和水平也随之发生变化和提高。消费结构的表现形式有实物形态和价值形态两种。从实物形态上看，消费结构是指人们在消费过程中，所消费的以实物形式表示的不同类型的消费资料，以及它们各自的实物数量比例关系；从价值形态上看，消费结构是指人们在消费过程中，所消费的以货币形式表示的不同类型的消费资料的价值比例关系。在我们的现实生活中，消费结构具体表现为各项生活支出消费的比例关系。消费结构是随着人们的总消费支出变化而变化的，受人均国民经济生产总值和个人经济收入的影响。马斯洛的需要层次理论更进一步对人们消费需求结构的变化，给出了有力的理论支撑。马斯洛强调，人们由于实际情况的不同，因此对不同层次的需要的强度是不同的，并且是有顺序的，即人们首先要满足低层次的生理需要，在低层次的需要得到满足后，较高层次的意识情感需要才会得以进一步强化。马斯洛的需要层次理论从人的角度直接面对需求，进而影响消费结构的转变。马斯洛需求层次理论的启发意义在于人类需要层次的不断升级，进而影响了人类消费结构有层次的不断提高和变化，这也就形成了社会经济快速发展和产业结构不断升级变化的重要原因。其实,层次的划分从一开始就体现出结构性特点和结构重心的不断变化。随着人们收入的增加,人均国民生产总值的提高,低层次的需要人们早已得到满足,那么对高层次需要的想法与欲望已经形成,就会强化对于较高层次消费满足的要求和欲望,而这种需求层次的提升就会通过消费活动在消费结构的变化中得以体现。因此,我们可以说,人们的消费结构变化源于人们对于美好的物质生活和精神生活的追求,体现人生价值的追求,高质量生活的追求;另一方面,这些追求是否实现则受人们收入水平的制约,不同的经济发展水平限定了人们的消费模式。在人类社会经济发展的不同阶段,人们的消费水平和消费结构是不同的①。

3. 体育消费需求

体育消费的产生是经济发展到一定水平时所出现的产物。体育消费作为一种社会文化消费现象,是社会经济发展到特定历史时期的必然产物。无论任何体育都是具有等级和技术标准的,因此体育消费需求是指特定的消费人群在特定的区域、特定的时间、特定的市场环境和特定的市场推广计划下对某一个特定产品的总体消费需求。

当社会经济发展稳定,个人收入不断提升,消费结构不断升级,余暇时间增加、健康意识的增强都会使体育消费不断扩大。同时,体育消费需求的大小也决定了体育市场发展的水平、速度、规模以及效益。如果一个社会中没有,或者只有少量的、潜在的和不规则的体育消费需求,那么,这个社会中体育市场的存在和发展都

① 王立国. 东北滑雪产业发展问题研究[D]. 东北师范大学博士学位论文,2010.

将受到严重的制约。如果这个社会中呈现规则的、递增的和可预测的体育消费需求，那么，这个社会中的体育市场则会成为有规律可循的兴旺市场①。

二、消费规律

1. 消费与经济增长的关系

实践证明，消费需求在经济增长中起着重要的拉动和刺激作用，国内消费需求的增长数量与国内生产总值的增量应是等量关系。消费需求在社会经济运行中既可以直接拉动和刺激经济增长，也可能制约到经济增长。这种消费需求对经济发展的双重影响与社会经济水平、供给关系与需求因素有着联系。

经济增长加快也会带动消费水平的提高和消费结构的升级。消费需求也可以间接拉动经济增长，主要体现在消费水平的提升和消费速度的加快进而拉动投资需求的产生。利用消费可以刺激生产，而劳动再生产的结果只能通过满足消费需求来得以实现，也就是说，消费的最高价值在于提升人们的物质文明和精神文明以及文化素质，从而进一步促进经济增长。

我们国家随着改革开放的不断推进，经济水平不断提高。自20世纪90年代开始，国内生产市场结构性过剩问题就已经初步显现，尤其是家庭耐用型消费品的消费基本已经处于饱和状态，产品的发展趋势正朝着的技术创新与升级和向电子信息化、数字化生产的方向发展。进入20世纪以来，随着我国国民生产总值的不断提高，我国城镇居民生活水平总体上已经达到小康水平。因此，对

---

① 王立国. 东北滑雪产业发展问题研究[D]. 东北师范大学博士学位论文，2010.

于精神产品的需求不断加大，精神产品市场也正处于快速成长阶段，市场对于精神产品的需求处于旺盛期，需求的多样化、层次化、个性化要求形成了供给不足的产业格局现状，因此通过进一步调整产业结构现状，加大对于体育培训、健身娱乐、体育旅游、赛事表演等休闲体育产业的发展，对于拉动经济、扩大内需产生积极的促进作用。

2.影响消费的主要因素

体育消费因为是一种经济行为，所以它首先会受到经济条件的制约。经济条件优越，体育消费的空间和需求就会增大；经济条件困难，体育消费的可能和需求就会受到影响和制约。同时，需求收入和价格的弹性和产业结构等现实的经济因素对消费需求的影响具有决定性作用。同时，生活环境、文化特点、人口数量、兴趣爱好等非经济因素作为影响消费的综合因素，对消费需求也有不同程度的影响作用。

(1)收入水平，最直接决定消费能力的因素之一。消费者的收入发生弹性变化，体育消费需求变化也会随之变化，所以说收入变化与消费变化之间成正比例关系。收入水平直接决定购买能力，消费行为中的需求价格也会随收入的增加而改变并为人们所接受，消费需求的收入影响和制约着体育消费市场和体育产品的生产和销售。随着居民收入持续增长，消费结构比例进一步提升，体育产业必定会得到快速发展。

(2)消费环境，是指消费者在生存和发展过程中面临的、对消费者有一定影响的、外在的、客观的因素。一般说，任何消费需求的满足和消费行为的完成都会受到消费环境的影响。消费环境是消费者在完成消费活动或行为时的直接感受，会对消费活动或行为起到影响作用。例如跆拳道培训的学员在报名参加培训前先会看一下场地、设施、环境情况,由训练设施在训练场地中摆放与布置就形成了跆拳道培训服务业的消费环境。

(3)消费文化,是指在经济和技术发展导致的全球经济运动中,消费本身已经成为文化的一种主导力量,具有明显的文化特征。消费文化是在一定的历史阶段中,人们在物质生产与精神生产、社会生活以及消费活动中所表现出来的消费理念、消费方式、消费行为和消费环境的总和①。因此,消费文化与地域或民族消费习惯和消费传统、消费理念、文化素养等有关。消费文化对体育消费需求的产生和完成具有一定的影响,它们既会影响和制约消费者的消费价值取向,又影响和制约消费者对于消费质量的选择。

文化是相对于经济、政治而言的人类全部精神活动及其产品。文化可以体现和衡量经济社会的发展水平。文化可以决定消费观念、影响消费取向。由于人们长期受传统保守的消费观念和消费文化的制约与影响,以及对于未来的社会保障体系水平的认知和信赖度不够,因此大多数社会居民消费意识相对保守,消费习惯不能随着经济水平的提升而提升,没有形成具有普遍性的、积极的消费理念。一个国家的发达水平体现在国民经济水平和人均国民生产总值,同时还体现在经济消费结构上、精神文化消费的比重上,在发达国家精神文化消费,尤其是体育文化消费占据了居民支出中的较大比重。

(4)闲暇时间,闲暇时间是体育消费的基本要素,为实现活动提供了消费可能。有了经济基础还需要有时间作为保障来完成消费过程。如果没有时间的保证,体育消费的自身体验和参与就无

① 李琳,陈颐,杨智慧.消费文化与英美科幻小说的发展[M].成都:四川大学出版社,2018.

法实现,使体育消费成为潜在消费需求,闲暇时间成为体育消费从潜在需求转变为现实需求的唯一路径。除经济因素考虑外,闲暇时间作为体育消费的要素,其数量决定了体育消费的数量和质量,充足的消费时间对体育消费的偏好养成、体育消费体验的发生产生积极影响。

跆拳道产业中的培训业中多数是青少年儿童,因此除了练习者有闲暇时间外还需要家长有闲暇时间来完成孩子训练的接送与陪伴。这也成为跆拳道培训业发展中的又一困难因素。

(5)人口因素,人口因素主要是指人口数量与人口结构。人口数量是指在一个国家或地区的总人口。中国作为世界第一人口大国,人口数量庞大。人口结构由年龄、性别、教育程度、人口地理分布、家庭规模等构成。一般来说,人口数量越多,相对各种市场需求量也会越大,对于体育消费也应如此。当在社会经济水平欠发达的情况下,人口数量越多,人均收入就会越低,体育消费需求就会较低,家庭消费也会相应减少。在我们的人口结构中,人们受教育程度的不同,导致人们对生活的追求和消费也不同,对体育消费的观念就更为突出,因为受教育程度越高的人,其思想认识、精神追求都相对较高,那么在精神文化用品上的消费也会较多,其中就包括较大比重的体育消费。

3.跆拳道产业产品的商品属性

政治经济学把"商品"界定为:用来交换的劳动产品,它具有使用价值和价值。作为商品必须具备三种属性:第一,具有使用价值,即商品的有用性,能满足人们的某种需要;第二,具有价值,即凝结着一定数量的人类劳动;第三必须进行交换①。

跆拳道产业是体育产业中一支新生产业,具备作为商品的属性。跆拳道产品是指以跆拳道运动的服务形式(生产、销售跆拳道用品,培训,竞赛等)存在具有使用价值和价值,可以用来交换的能够满足跆拳道练习者需要的产品。

在跆拳道产业发展的过程中,发展水平取决于市场需求,因为只有需求不断提高才能带动供给产生良性循环,也就是说市场无需求就不需要供给。其实市场需求包括现实需求和潜在需求两种。现实需求就是人们可以看到的在市场上现实存在的现实购买力的大小,它受消费者数量、消费者经济水平、消费者购买力、消费者文化习惯等方面的因素影响。那么,潜在消费需求就不像现实需求那么直观、明显,它是存在于整体消费人群中间的,但可以发现和引导的消费需求。跆拳道产业就要在市场中寻找和发现潜在的消费需求,并转化为现实消费需求,离不开对潜在消费者的引导和转化。通过市场需求带动跆拳道产业发展,需要改变人们的传统消费结构,服务好现实跆拳道消费需求群体,并最大化地将潜在消费需求群体转化为现实消费需求群体。提高跆拳道产业的市场消费群体数量,是扩大和带动跆拳道产业发展的直接手段。

跆拳道市场既是跆拳道练习者、参与者购买服务的买方集合,也是有各种跆拳道产品生产企业、跆拳道道馆经营者、赛事组织方构成的卖方的集合。任何一方单一力量的强大都不能构成发达的跆拳道产业市场。根据马斯洛的层次需求理论,跆拳道是属于较高需求,是心理需求和自我实现需求,属于高层次需求,学员通过训练达到实现个人潜能的充分发挥和自我超越。

① 曹可强.体育产业概论[M].上海:复旦大学出版社,2003:99.

第三节 区域经济发展理论

我们可以把区域看作是人类经济活动的空间基础，不同的区域社会经济条件水平的不同，其经济活动性质也不相同。不同的区域经济活动必然有其不同的区域经济特征。经济学中的“区域”是由人的经济活动所造成的，是具有特定区域特征的经济社会综合体[①]。

在我国，区域经济是由国内该区域内现有各种资源所组成的具有该区域特点的经济集合体，而区域经济是组成整个国民经济的重要部分。在各种行为主体决策及其相互作用的条件下，每一个经济区域都有其独特的区域经济结构、组织结构和发展水平，区域经济中的三个重要的行为主体是企业、家庭和公共机构。区域经济在发展过程中受市场经济的影响会出现诸多的经济现象和问题，区域经济发展理论就是随着这些问题的出现，发现区域经济的问题，根据问题，解决问题，而不断成长、完善起来的。

在社会经济迅速发展的过程中各种经济现象的出现，在经济学基础之上，为了解决区域经济发展问题，区域经济学孕育而生。区域经济学是指经济学与地理学交叉而形成的应用经济学。区域经济增长是指一个区域或地区生产的产品和劳务总量的不断增加，并以货币形式表示的国民生产总值的不断增加的过程。区域经济增长的快慢可以通过用一定时期内国民生产总值或人均国民

① 聂华林，王成勇. 区域经济学[M]. 北京：中国社会科学出版社 2006：1.

生产总值的平均增长速度来进行比较。区域经济发展是指在经济增长的基础上，一个国家整体经济、社会产业结构不断优化和提升的演进过程。区域经济增长与区域经济发展虽然概念不同，但两者之间却紧密联系、相互包容、相互促进。经济增长是产出的增长，而经济发展不仅是产出的增长，还伴随着产业结构的改善和资源配置的优化。经济发展包容着经济增长。增长是发展的基础和核心内容，没有经济总量的增长，经济实力就不可能得到增强，经济、社会和政治结构的调整与变革便会成为空中楼阁。同时，经济发展与经济增长之间又存在着互动关系。从短时期来看，经济增长不一定能带来相应的发展，但经济增长在长时期内必然会引发一定的社会进步，实现发展。另一方面，社会发展水平的提高，又会为经济增长创造良好的环境和条件，促进区域的经济增长①。

随着世界经济水平的不断发展、现代科技水平的不断提高，信息化、电子化商务和生产技术更新与创新。区域经济学领域的研究范围也在不断延伸，拓展到区域产业集群理论、区域经济一体化理论、区域创新理论、区域经济可持续发展理论等。

一、区域产业集群理论

迈克尔·波特认为："产业集群是处于同一个特定产业领域的、相互联系的公司和相关组织的地理集中现象"②。产业集群是一群相互联系的企业和机构在某个地理区域紧密地集聚在一起的现象。区域产业集群是指在地理上集中的产业集群，通常位于大都市区、劳动力市场区和其他的功能型经济单元组成的区域。其

① 栾贵勤. 区域经济学[M]. 北京：清华大学出版社，2008：101－106.

② Michael E. Porter. On competition . *Harvard Business Review Books*，1998：197.

成员企业之间的地理邻近性构成了特定的竞争优势。产业集群本质上是一个独特的区域性创新系统。因为它是一个创造、扩散和应用知识的系统。它不同于一般区域性创新系统[①]。

产业集群作为一种产业组织形式具有较强的独特性和区域的特殊性,为区域经济增长、产业集群化发展、产业资源优化配置起到了重要作用。产业集群的形成有利于进一步促进技术水平的提升进步与扩散、技术更新与创新,有利于高度集中资源、扩大产业集群的规模效应,区域产业集群的发展直接影响着产业和区域经济的发展。

天津市跆拳道产业的集聚现象已经有所显现,说明培训业地点的选择应考虑到交通、人流量等因素。因此在天津市市区繁华地段、交通便利的商场等可以看到两家或以上的跆拳道培训场所。当几家跆拳道培训机构在距离较近的同一区域出现时产业集群效应就已悄然形成。如西青区永旺商场、南开区的熙悦汇购物中心就是很好的例子。

二、区域经济一体化理论

区域经济一体化理论是指适用于特定区域的国家或地区,通过对区域内建立制度性或非制度性的经济合作组织,来实行区域经济联合,为区域内商品和生产要素获得自由的流动与优化配置,进而实现区域内各种经济与社会政策制度高度协调统一的过程。

国内区域经济一体化是指,在特定区域范围内的或地理特征相似的以及区域内各个经济主体之间,为获取在生产、消费、贸易等领域的利益空间,而产生的不受区域限制的市场一体化过程,其

---

① 王立国.东北滑雪产业发展问题研究[D].东北师范大学博士学位论文,2010.

中包括从商品市场、生产要素(劳动力、资本、技术、信息等)市场、服务市场到经济政策及管理的统一。区域经济一体化是产业区域分工的必然结果。分工是经济增长的主要动力,分工有利于提高劳动熟练程度、改进技术和提高劳动生产率。市场经济水平的不断发展,导致分工的不断深化进而引起交易费用的不断升级,这就需要区域经济一体化的资源配置来提高交易的效率,来促进分工的进一步细化延伸。在这一过程中区域经济一体化形成了科学资源利用和配置,提高了人力资本,促进了技术创新,提高了生产率。

随着京津冀一体化发展的不断推进,跆拳道产业发展也呈现出新的态势。一是产业经济一体化,跆拳道产业的经济发展正向着一体化、规范化的方向发展;二是跆拳道产业市场一体化,目前在天津市跆拳道产业的发展进程中,随意竞争、价格战、培训技术水平差等问题还需要改进,进而形成天津市跆拳道产业的市场一体化。

三、区域创新理论

很多经济学家都认为:劳动生产率的提高与技术变革和组织变革是紧密联系的。美籍奥地利经济学家约瑟夫·阿·熊彼特于1912 年首次提出“创新”一词①。创新是指以现有的思维模式提出有别于常规或常人思路的见解为导向,能够充分利用现有的知识和物质,在特定的环境中,本着满足理想化需要和满足社会需求,而改进或创造新的事物、元素、方法、路径,并能获得一定有益效果的行为。在经济和社会领域中,创新体现在生产或采用、同化或开发一种增值新产品,更新或扩大产品、服务与市场,进而发展新的

---

① 约瑟夫·阿·熊彼特. 经济发展理论[M]. 北京:商务印书馆 1990 中文版:73—74.

生产方法,建立新的管理制度。因此,创新既是一个过程,也是一个结果。

区域系统创新是区域创新理论的最高水平,是指对于区域内整体的创新内容集合,包括制度创新、组织创新、市场创新、技术创新等多方面。区域创新是一个以经济活动为起点通过社会区域得以实现进而提升技术水平的过程,是指在区域内以集体学习方式获得相关知识并由此提高技术更新和创新能力的过程。

区域创新体系的建设以国家创新体系建设的总体规划和发展战略为指导,以提高区域创新能力为目标,根据区域经济发展的目标和要求一级区域的条件和能力来确定区域创新体系的具体构架和建设重点。区域创新体系的基本职能是,大力促进和广泛进行知识的生产、传播和应用,培育和形成能够支撑区域社会经济持续快速发展的创新能力①。

四、区域可持续发展理论

近些年,可持续发展一直成为经济建设和经济发展的主旋律。区域经济可持续发展是指在一定的区域范围内的经济发展过程中,协调好人与自然、经济、社会的发展关系,区域可持续发展不仅要求在不损害本区域未来人的利益的前提下,最大限度地满足当代人对物质和精神的需求,而且要求该区域的发展不损害相关和周边区域的发展机会和资源。经济的增长水平是国家综合实力和社会财富积累的具体体现,也是提高国民生活水平和质量的重要保障,进而也为可持续发展提供了必要经济保障。因此我们可以说,一个区域的经济可持续发展性,是区域可持续发展的前提和

① 王立国.东北滑雪产业发展问题研究[D].东北师范大学大学博士论文 2010.9:29.

基础。

实现区域经济可持续发展，就是要按照科学发展观的要求，坚持以人为本、人与自然和谐共生、科学发展的原则，统筹兼顾、合理布局，妥善处理好区域经济发展中的各方面利益关系，走各地区协调发展、共同富裕的道路。区域可持续发展战略的设计需要遵循一定的基本原则，按照一定的步骤和发展目标加以组织实施，在经济建设、社会发展、资源优化配置、生态保护、环境保护和能力建设六大主要领域开展区域可持续发展战略，并依靠行政、经济、科教和法律手段来保障区域可持续发展战略的顺利实施①。

跆拳道产业可持续发展战略的基础是政策扶植和技术体系建立，核心是跆拳道产业发展中经济效益、社会效益和人才培养的统一。我国跆拳道产业发展的现状，受区域经济影响较大。区域经济水平高、居民经济收入高，该地区的跆拳道培训市场、跆拳道产业发展相对就好。同时受政府政策影响。体育特长、升学等利好政策因素进一步推动跆拳道产业的快速发展。但我们也应清楚地看到利用营销手段吸收学员、教练员水平低、跆拳道产品质量差等问题是摆在跆拳道产业从业者面前的现实问题。因此，应该提高跆拳道从业人员自身素养，打造科学教学体系实现跆拳道产业的可持续发展。

本章小结：

本章内容从产业经济学、产业结构理论、产业竞争力理论、消费经济学理论的角度，研究了产业是基于行业内部对于产业组织、结构、发展、布局、产业链上下游关系以及关联产业的问题。

---

① 栾贵勤. 区域经济学[M]. 北京：清华大学出版社，2008：388－403.

对在市场需求、投资、技术进步、政策制度等因素干预下的产业成长理论、“钻石模型”理论、制度决定论、产业竞争力发展阶段理论为代表的产业竞争力理论进行了简要阐述。

消费经济学理论指出，消费需求是人们通过消费活动来满足自身欲望和达到自身需求的一种经济行为。衣食住行等消费需要是人的基本需要，而享受与发展的需要则是人的高级需要。人们的消费需要正在趋于多元化、层次性、消费结构升级、体育消费需求增加的方向发展。影响消费的主要因素有收入水平、消费环境、消费文化、闲暇时间，人口因素、跆拳道产业产品的商品属性等。

区域经济发展理论从区域产业集群理论、区域经济一体化理论、区域可持续发展理论的视角分析了天津市跆拳道产业的集聚现象已经有所显现，说明培训业地点的选择应考虑到交通、人流量等因素。因此在天津市市区繁华地段、交通便利的商场等可以看到两家或以上的跆拳道培训场所。

随着京津冀一体化发展的不断推进，跆拳道产业发展也呈现出新的态势。一是产业经济一体化，跆拳道产业的经济发展正向着一体化、规范化的方向发展；二是跆拳道产业市场一体化，目前在天津市跆拳道产业的发展进程中随意竞争、价格战、培训技术水平差等问题还需要改进，进而形成天津市跆拳道产业的市场一体化。

第四章　跆拳道产业发展研究

跆拳道作为一项武道运动,近些年受到了广大青少年的青睐,成为时尚健身休闲体育运动,跆拳道道馆随处可见,跆拳道培训服务业已初具规模。跆拳道系列赛、大奖赛、公开赛、积分赛、大满贯赛事等一系列政府官方举办的各种赛事和"功夫时代""跆星时代""跆王决"等一系列商业比赛的举办更为跆拳道竞赛表演业快速发展提供支持。在众多体育项目中跆拳道能够深受人们认可和青睐,并参与到这项运动中来,这与其运动本身的项目内容和特点是分不开的。研究跆拳道产业就应先了解跆拳道运动,才能更深入、透彻地研究分析跆拳道产业的内因、外因,更准确地为跆拳道产业的发展提供有针对性的策略建议和原因分析。

第一节　现代跆拳道运动介绍

跆拳道(英文 TAEKWONDO)是一项起源于朝鲜半岛(现韩国和朝鲜)的武道运动,是一项利用脚踢击、拳击打为主要手段进行搏击对抗的体育项目。作为现代奥林匹克运动会中正式比赛项目的跆拳道,人们看到的只是整个武道跆拳道的部分内容。对跆拳道的认识可以从"跆拳道"三个字的字面来理解,"跆"字的意思是用脚踢;“拳” 字的意思就是用拳击打;“道” 字的意思是“跆”和“拳”在使用时的方法以及规律。跆拳道注重文化内涵和文化底蕴修炼与积累,在通过其修炼过程中除贯穿“力”与“气”的要求,还体现出对“礼仪”与“忠孝思想”的教育。

一、现代跆拳道的修炼内容的系统性是其成为产业的重要原因

现代跆拳道运动体现较完善的系统性,系统主要是指通过若干的要素借助一定的结构形式而构成一种具备某种功能性的整体①。在跆拳道的运动形式和构架中就充分体现了系统论特征。

系统论的研究是将整体性、关联性、动态的平衡性和结构特性等当做所有系统的共同性特征进行研究。

跆拳道在其修炼内容上的不同的修炼和表现形式,很好地诠释了这一点。跆拳道的修炼内容包括具有文化内涵底蕴的礼仪精神、具有套路规范的品势演练、具有拼搏竞争的竞赛对抗、具有功能显著的防身自卫、具有修炼积累的功力特技、具有升华脱俗的艺术表演等,这些充分体现了跆拳道修炼内容的可选性和系统性特征,这也是跆拳道快速成为产业发展的重要原因。

1.礼仪精神

礼仪精神的修炼是跆拳道文化内涵和底蕴的突出表现,端正的身体姿态是跆拳道礼仪的基本要求和最为注重的部分,在站立、鞠躬敬礼、注目礼、握手礼都要求行礼者身体姿态端正。

礼仪是进行规矩教育的第一步,规矩意识是指发自内心的、以

① 王悦.系统论视角下的食品安全法律治理分析[J]粮食科技与经济,2019(12):21—22、58.

规则为自己行动准绳的意识。通过跆拳道课程的教学使学生掌握技术的同时,提高和养成规矩意识。

在跆拳道训练中,始终要求练习者“礼始礼终”,每次练习开始前先集体向国旗敬礼,时刻牢记祖国;学生向老师敬礼,老师还礼,表现出尊师爱生,相互尊重;在练习中老师给学员讲解技术动作后,学员要向老师敬礼表示感谢;练习结束时也要先向国旗敬礼,然后学生向老师敬礼,老师还礼,方可下课。跆拳道的礼仪约束使得每一位练习者都懂得了尊敬师长、尊敬父母、尊重对手,懂得用礼仪规范的道德约束自己的同时,礼仪也成了学习跆拳道技术和参加训练的基础,进而使练习者达到身心合一、内外双修的人格品德。跆拳道课程要求学生和教师上课前和下课前向国旗敬礼,对学生进行爱国主义教育。跆拳道训练的每个细节,都可融入对学生的价值引领。

精神的修炼,精神是指人的意识、思维活动和一般心理状态,在日常生活中表现出来的活力。在跆拳道训练过程中非常重视对精神的修炼,因为练习者要想战胜对手,首先要战胜自己。因为人的性格通常会有大胆与怯弱之别,同样在性情上也有勤奋与懒惰之分,而无论哪一种,在训练中都要克服训练给身体和心理上带来的疼痛与疲劳,甚至伤病的疼痛,练习者只有具备了坚韧和坚忍的精神,才能不断克服自身的软弱,坚持下来达到新的境界。而在与对手的对抗中,跆拳道战术中的进攻与防守,技术动作力量使用的沉重与轻巧,攻守转换的主动与被动等诸方面,无不包含着矛盾的对立与统一。在比赛中瞬息万变的时机把握与战机捕捉,实战经验固然重要,但理智的思维、敏捷的反应、合理的技术更能为争取比赛胜利提供条件。通过修炼跆拳道就是要培养人的意志力、创造力、克己坚韧的精神,形成积极进取的人格。

2. 品势演练

跆拳道品势是指练习者按照进攻、防守与前进、后退的动作合理编排，按照规定路线进行演练，达到强身健体、培养意志品质的一种练习形式。通过品势内容的修炼可以使练习者掌握跆拳道技术动作，达到提高和锻炼身体质量，增强身体素质和专项技术的全面发展。

品势是具体展示跆拳道运动文化内涵和底蕴以及规范动作的表现形式，其具有朝鲜民族文化的烙印与中华传统太极、八卦文化原理的结合。跆拳道的太极型品势共有八个，代表了八个层次、风格，而且这八个品势的演武线路与阴阳八卦图中的“乾、兑、离、震、巽、坎、艮、坤”形线一致，演练风格太极一至八章技术风格也与八卦代表意义相对应。跆拳道品势分为初级的太极一至八章，和高级的高丽、金刚、太白、平原、十进、地跆、天拳、汉水、一如；跆拳道品势的每一章内容都有其固定的起势、收势和演练路线；同时每章品势也有其各自的演练特点、风格和文化含义。这些也是跆拳道考级考段的必考内容。为了表演和比赛等方面的需要也有自创品势。品势比赛已经成为亚洲运动会的正式比赛项目，同时还有世界品势锦标赛、全国大众品势比赛等。

3. 竞技比赛

跆拳道竞技比赛是指同性别、级别的双方运动员在一定的时间、空间内，在规则的制约下运用允许的技术进行格斗的运动项目。跆拳道竞赛分为个人赛和团体赛。比赛时双方运动员同场竞技，教练员进行临场指挥和提出录像审议申请。由裁判员负责引领和控制比赛，并根据比赛结果判断胜负方。跆拳道竞技比赛于

2000年成为奥运会正式比赛项目,设男女各四个级别,比赛时间为每局2分钟,共3局,局间休息1分钟,3局结束出现平局进行第四局加时赛。竞技比赛是跆拳道的主体和核心内容。跆拳道竞技比赛是奥运会、青奥会、亚运会、世界军人运动会等综合性运动会的正式比赛项目,也是我国全运会、青年运动会的正式比赛项目。

跆拳道竞技对抗是跆拳道在公众面前的直接表现,同时竞赛对抗又是运动员拼搏向上、积极进取、不断超越自我的完美诠释,是更高、更快、更强的现代奥林匹克运动的力量与美的展示。

4.防身自卫

随着社会经济水平的不断提升,在人们物质生活得到了极大改善的同时,社会上会偶有不和谐的现象以及突发的安全问题,尤其是人为的袭击和伤害事件。防身自卫是世界上所有武道项目的初衷和本能。通过跆拳道练习,练习者学会脚的踢击方法、拳的使用方法,对抗练习会增加练习者的自信与勇敢。跆拳道的对抗性属性要求练习者的胆量、自信心、判断力、勇气、精神都在训练和竞赛中体现出来。跆拳道是利用人体自身的四肢和躯干来进行攻击和防守,不论是基本技术还是品势中的演练动作都有其特定的攻防含义和使用方法。在不断的修炼过程中,练习者会不断体会对抗中进攻与防守以及技术使用的方法和时机。随之自然就会掌握防身自卫技术动作的使用方法。跆拳道运动具有功能显著的防身自卫功能。

5.功力特技

功力是指在功夫和力量方面的表现,这里指在跆拳道方面的造诣。事实证明,运用人体关节部位(拳、掌、肘、脚等)经过跆拳道科学系统的训练，使用跆拳道技术练习者可以击破木板、砖瓦来检验和测试功力水平，功力检验已成为跆拳道训练、表演比赛的一个重要内容，也成为跆拳道运动的主要特色和特点。功力检验和表演中以击破为主要方法，击破为跆拳道增添了神秘的色彩，为跆拳道在世界范围内的推广起到重要作用。特技是跆拳道练习者根据自身特点与跆拳道技术相结合，设计创编的特殊技术，有一定难度。功力是指功夫和力量，在长时间的练习下所体现出的技艺水平。

跆拳道的修炼者所修炼的内容和形式不同，对于功力的表现和展现形式与方法不同，但对于功力的修炼信念和态度是一样的，成为跆拳道练习者不断追求和为之奋斗的目标。

6. 艺术表演

跆拳道的艺术表演是具有较强观赏性的舞台演出表演形式，与竞赛不同，跆拳道艺术表演超越了对抗和竞技，是在此基础上进行艺术升华和加工后的作品，既具有跆拳道运动特性又兼具表演的艺术性，是一种表演形式，但又没有脱离跆拳道运动本身。跆拳道艺术表演是以其基本技术动作、品势演练、竞技比赛、功力特技等内容为主体，配以音乐、道具、灯光、舞台背景、故事情景等舞台元素，进行编排设计后表现出来的内容形式。对跆拳道的内容进行整合、提升、加工后使其具有艺术表现力，从而也进一步提升了跆拳道的体育价值。同时跆拳道艺术表演也为跆拳道推广、传播、开展起到积极作用，通过精彩绝伦的表演吸引更多的人参与到跆拳道运动的行列中。跆拳道的艺术表演是跆拳道技术修炼的升华和完美展示，是将运动技术动作用艺术的手法表现出来的作品展示。

二、现代跆拳道运动的特点鲜明、突出是其成为产业化发展的重要因素

任何事物都有其自身的特点,其特点表现出来的就是与众不同的地方,人或事物所具有的独特的地方。特点的表现是对比产生的,跆拳道项目的特点则是与其他武道项目相对比,体现的别有我有、别无我有的方面较多,而自身特色突出鲜明。现代跆拳道运动具有以下特点:

1. 重礼明道、修炼身心

《礼记·曲礼上》写道:“礼尚往来。往而不来,非礼也;来而不往,亦非礼也。人有礼则安,无礼则危。故曰:礼者,不可不学也。”[①]在跆拳道的教学过程中,要求练习者“礼始礼终”,即练习开始、练习结束要向国旗敬礼,向教练敬礼,练习过程中队员之间也要互相敬礼,使练习者时刻注意礼仪规范,通过长时间的潜移默化的教育培养练习者热爱祖国、孝敬师长的良好道德品质。时刻强调礼仪,师生敬礼、配合练习开始前和结束时同学之间互相敬礼,教师给学生单独讲解指导后,学生会敬礼表示感谢。礼仪体现在跆拳道教学的全过程。“礼”作为基本人伦精神的外化,是外在形式与内在精神的统一。礼可以约束人的行为,知礼是君子之为,礼是推动社会健康有序、人际交往和睦的良器。在跆拳道练习中,跆拳道作为具体的人格修行方法,通过身体系统的科学合理的锻炼能够使练习者成为一个积极向上、心态平衡、内心平静的人,在润物细无声的教育过程中使练习者最终形成积极进取的人格。礼仪

---

① 吴毅,朱世广,刘治立.中华人文精神[M].北京:中国文史出版社,2002.

与道德互为表里，是道德理性的具体表象，是构建理性人伦社会秩序的基石。

2. 以腿为主、拳脚并用

搏击项目本身就有拳脚功夫之称，跆拳道运动以腿为主、拳脚并用的特点更为突出。在跆拳道技术中腿法技术在整个运用中占了绝大部分，特别是在竞赛中，由于规则的限制，脚可以击打面部和躯干，而拳只可以击打躯干。跆拳道理论认为在人体四肢中，腿的力量、长度都远远高于手，因此提倡腿法的运用。在跆拳道的技术体系中所有腿的技术都被称为踢，如横踢、后踢、侧踢、下劈踢、后选踢、旋风踢等。在比赛中上肢手法往往多用来防守、格挡、辅助腿法进攻，腿法是跆拳道比赛中的主要得分手段，同时跆拳道也以其高超、多变、飘逸的腿法特点著称于世。

3. 方法简捷、易于掌握

跆拳道的技术教学和技术体系规范，技术特点突出，技术方法简捷、易于掌握，这也是跆拳道备受青睐的原因之一。跆拳道技术在自卫技击中使用方法便捷、简单有效、注重和突出实效性，减少了花哨的拳脚招式，注重实际效果。跆拳道运动在练习时要求发力稳健刚劲，力发于足、传于腿、通腰髋、展于腿、发于脚、达于击打点，全身协调配合、刚劲爆发。跆拳道技术要求动作规整、身体协调稳健、发力充分。在技术练习和运用时练习者尤其注重髋部、腰部和支撑腿的发力配合，要求全身协调。这不但使技术动作协调舒展，同时也能有效增加击打的力量和速度。跆拳道虽然技术动作简单，但具有较强的技击性和实用性。因为在技击对抗中，技术运用方法越复杂的技术就越容易失误，越简单的技术操作起来越容易成功且具有实效性。

4. 段位严格、管理规范

跆拳道用不同的级和段来表明练习者的修炼层次。跆拳道的段位晋升制度分为晋级和晋段,晋升过程十分严格。跆拳道的级段位共分为九级九段,不同的级腰系不同颜色的道带,入段后系黑色道带。练习者只有在一定的年龄段、达到练习时间要求、经过规定内容考试并合格后才可以晋升级或段。这种制度不但能使练习者保持良好的练习兴趣、不断追求更高目标,同时还能使练习者循序渐进地接受练习内容,养成良好的训练习惯和努力积极的训练作风,避免了好高骛远和拔苗助长。跆拳道的最高段位是九段,入级考试第一个考的是九级。这里也有着深远内涵和东方哲理,九在数字中最大,初学者即如九级,是因为练习不能清楚地看清自己的实力,通过长时间修炼,每次考级数字会小一个,直到一级后考取黑带一段,而后不断强大数字也开始向上增加。这是告诉练习者,从开始练习跆拳道是对自身内心的修炼与洗涤,通过不断的身心修炼使其真正成为名副其实的武者,与其段位相匹配。

三、现代跆拳道运动的作用广泛是其成为产业发展的基础要素

现代跆拳道运动作用广泛,随着练习者时间和水平的不断增长和提高,其所表现和达到的作用也有所不同,具体表现如下:

1. 健身——改善和增强体质

现代跆拳道运动根据联系的内容形式不同其功效也有所不同,但不论练习什么形式都对于改善和增强体质有积极作用。因

为跆拳道对提高练习者的各项身体素质以及提高内脏器官的机能及神经中枢的灵活性有很好的作用。在跆拳道运动中三磷腺苷(ATP)磷酸化合物的分解供能既有磷酸(CP)分解与糖原无氧酸解的无氧供能,又有糖、脂肪、蛋白质等营养物质的生物氧化有氧供能。因此跆拳道运动是一项有氧与无氧结合的运动。对于调节和改善身体机能以及减肥都是很有作用和功效的。

中国有句俗语:“人老先老腿”,而跆拳道技术主要是运用下肢——腿,踢腿时要求练习者具有好的平衡、协调能力,同时频繁的踢腿要求会对练习者起到减脂增肌的功效,对形成良好的体型体态具有积极的作用。

2. 防身——提高防身自卫的能力

跆拳道运动是搏击对抗性项目,通过练习可使练习者掌握其技术动作,提高身体灵活性和应变能力,达到防身自卫的目的。防身自卫是世界上所有武道项目的初衷和本能。跆拳道是利用人体自身的四肢和躯干来进行攻击和防守,不论是基本技术还是品势中的演练动作都有其特定的攻防含义和使用方法。在不断地修炼过程中,练习者会不断体会和掌握防身自卫技术动作使用的方法。所以经过一段时间的训练练习者自然就会具有对抗能力,进而达到防守自卫的能力。

3. 修身——培养良好的道德品质

跆拳道运动推崇“礼始礼终、忠孝思想”的尚武精神,特别注重“礼仪、廉耻、忍耐、克己、百折不挠”的跆拳道精神内涵的修炼,通过跆拳道的练习后,培养练习者坚忍不拔、勇敢果断、顽强的体育精神,养成礼让、谦逊、宽容的高尚品德。在练习过程中,练习者既要队友的配合，也会给队友配合来实现共同学习进步，在配合练习中就要承受踢击的身体和心理的修炼。通过跆拳道修炼使练习者身心得到升华，并获得技术上的进步和跆拳道精神的价值体现。随着练习的深入和长时间的投入，有练习者的运动已经超脱了运动本身，而是把它作为一种修炼行为，对自己的精神与技术进行融合，使其成为培养良好道德品质的载体。

4.观赏——竞技、娱乐、观赏为一体

跆拳道是一项对抗性很强的运动，同时也是一项有观赏性的运动项目。在竞赛中双方运动员身穿白色的道服、腰系代表不同段位的腰带，斗智、斗勇、斗技术，尤其是跆拳道精妙高超的腿法具有极高的观赏价值，在功力检验、特技表演中，练习者击破木板、砖瓦使人们享受一种武道项目的艺术美感。跆拳道艺术表演是以其基本技术动作、品势演练、竞技比赛、功力特技等内容为主体，配以音乐、道具、灯光、舞台背景、故事情景等舞台元素进行编排设计后表现出来的内容形式。对跆拳道的内容进行整合、提升、加工后使其具有艺术表现力，从而也进一步提升了跆拳道的体育价值。

跆拳道具有大众参与的健身功能，拼搏进取的夺标追求，实现人生价值、展示自我的竞技性功能，具有艺术升华的舞台表演功能，所以跆拳道是一项集竞技、娱乐、观赏为一体的运动项目，这为跆拳道项目的产业发展提供基础要素支撑和保障。

第二节　跆拳道产业形成的原因

产业萌芽和产业形成的最基本和最重要的条件是人们的物质

文化生活的现实需要。随着社会经济整体水平的提升,人们对物质文化生活质量的需求也提出了新的要求。对物质文化需要的数量、质量、形式、结构的改变和提升都会给产业发展带来直接的影响。跆拳道运动包括具有文化内涵底蕴的礼仪精神、具有套路规范的品势演练、具有拼搏竞争的竞赛对抗、具有功能显著的防身自卫、具有修炼积累的功力特技、具有升华脱俗的艺术表演等。具有产业特质的跆拳道产业已悄然形成。独特的跆拳道运动之美的表现是武道文化的精髓,通过跆拳道训练增强了人们对美好事物的感性认识,增强了礼仪规范的约束,提升了忠孝思想传统文化教育,严谨的竞赛规则代表着制度的约束,这些都是跆拳道文化的内涵与外在之美的体现。尤其是跆拳道精神作为跆拳道文化的精髓所在,它影响着练习者的生活方式、行为习惯和思维方式,净化着练习者的心灵世界。

跆拳道用东方武道项目特有的魅力,悄然走向了产业化发展的道路,严格的级位、段位考试,给修炼者奋斗前进的目标,考试内容设计的合理,使练习者认真对待即有机会通过。修炼内容的体系化、科学化也是其迅速发展并被接受的主要原因,不同等级的练习者有不同内容的技术、品势练习内容与之相对应。不同的腰带对应不同的等级水平,使练习者有明确的奋斗目标和取得成功后的内心满足和展示体现。

一、跆拳道的文化引领是跆拳道产业发展的原动力

文化是一个群体、一个区域、一个民族经过长时间发展所形成的共识和认知,是相对于经济、政治而言的人类全部精神活动及其产品。跆拳道文化在跆拳道运动的推广、发展、普及的过程中起到了至关重要的作用。任何一个项目都有它自身的文化,文化是传

承精神的最好体现。近年来,跆拳道运动发展迅速,许多体育学者都将其作为个案进行研究。跆拳道在很大程度上是通过在世界范围内成功推广这项运动来吸引专家学者的关注。但事实上,这种方法的模仿和系统的学习并不能从根本上改变其他项目的发展困境,因为跆拳道自身的文化和教育功能是很难被移植和复制的。让我们从文化的角度来分析跆拳道成功的原因。

跆拳道起源于朝鲜半岛,历史悠久。跆拳道作为一项历史悠久的传统体育项目,有其独特的历史文化背景,跆拳道自身的特有文化形成了自己独特而又稳定的文化体系。而现代跆拳道文化体系的形成,它不仅保留了朝鲜民族的传统文化精神,而且结合了现代奥林匹克运动的发展方向,对跆拳道的内容和规则进行优化,迅速促进了世界跆拳道运动的发展。跆拳道文化是指跆拳道本身所包含的一切物质文明和精神文明的总和,它围绕着跆拳道运动展开。文化结构作为一种社会历史现象,其内在逻辑和语境是可以追溯的。但是,要严格划分跆拳道的内在逻辑和语境,就必须明确跆拳道文化层面的要素。国内外对文化结构建设的认识大体相同,在细节上也存在一些差异。通过对跆拳道文化结构的解构,对跆拳道文化进行分析,收集相关的文化事实要素,揭示跆拳道文化、结构和进化过程。表面文化是指跆拳道身体文化在现实物质层面上的展现,是以跆拳道运动为载体,它直接展示了跆拳道文化的一切活动;中间文化是跆拳道的系统文化,即完整的跆拳道社会推广体系和一部分跆拳道组织、制度建设等体系;深层文化是跆拳道的底蕴和内涵所在,主要是以儒家文化为主,它是贯穿跆拳道文化发展的核心和动力。我们通过对跆拳道文化结构的解构,进而归纳和总结跆拳道发展的成功要素,对分析跆拳道在产业发展过程中自身存在的问题具有重要的现实意义和价值。通过对三个层面文化的研究，梳理和分析跆拳道产业的整体与局部的关系、内在与外在的关系，为跆拳道产业更好地发展提供支撑。

跆拳道身体文化是跆拳道文化结构中直接表现出来的，我们可以看到，跆拳道运动像其他运动一样是以身体为载体，这也一直是跆拳道运动文化研究的热点和基础问题。从社会学角度来看，对跆拳道练习者身体的研究也成为当代学者较关注的问题。人的本能就是通过身体运动或行为来满足自身意识发出的指示，进而达到满足人们日常生活的需要。

东方武道项目的身体文化受传统文化影响形成了“天人合一、顺其自然”“道法自然”等具有哲学思想的身体文化观。身体文化是一种以体育活动为基本手段的“运动”文化。随着时代的进步和社会的发展，“健康”成为人们关注的重点问题，人们在追求健康体质的同时，与体育有关的体育文化内涵也不断更新和丰富，在体育发展和体育运动中被人们所接受或淘汰，进而形成了体育文化和身体文化的竞争法则“优胜劣汰、适者生存”。

制度文化的定义主要来源于企业文化的制定和规范。制度文化是人类为生存和社会发展而建立的有组织的规范体系。制度文化是依据一定的思想观念、认识建立起来的各种制度、规则和执行这些制度、规则的机构组织和行业，以及礼仪、风俗、习惯等。跆拳道的制度文化是支撑跆拳道运动发展的基本条件，它受精神文化的约束和影响，又能体现精神文化的内容和实质。跆拳道制度文化是跆拳道文化中的思想核心和基本保障，跆拳道的制度文化是指为自身的生存和发展而创造的跆拳道组织的规范体系。这一制度可以分为两类：物质层面和精神层面。跆拳道系统文化的物质层面是指保持跆拳道健康、有利发展的一切物质产品和手段。包括图书、杂志、道馆、道服、道带、健身工具等，跆拳道系统文化的精神层面是指促进跆拳道健康、有益发展的所有精神体系。跆拳道机构的建立、队伍的建立、规则的建立和道馆体系的建立的完整性、系统性，直接影响到跆拳道对广大观众的直接印象，具有规范和推广的作用。跆拳道制度文化是一个不断变化、发展和完善的过程。无论是跆拳道精神所要求的“礼义、廉耻、忍耐、克己、百折不屈”，还是跆拳道所强调的“以礼开始、以礼结束”的礼仪文化，都充分体现了体育文化的丰富内涵。

二、跆拳道运动的文化内涵成为练习者的追求目标

跆拳道作为一项体育运动，它不仅只注重身体的练习，它在运动中还有着极深的文化内涵和丰富的哲理思想。作为一名跆拳道练习者不能只从跆拳道变化万千的外在变化形式上去理解跆拳道运动。只有从精神与技术，即内在与外在两方面同时认识和理解跆拳道，才能真正掌握跆拳道运动的精髓所在，达到至高的练习水平和修炼境界。

1. 跆拳道的哲理意义

跆拳道是把人类在漫长的生存过程中的本能意识进行提炼总结，用肢体将其合理、有效地表现出来的一种运动方式。跆拳道运动被人们称为行动的哲学，则体现了跆拳道对于练习者精神修养的引导作用。随着社会经济水平的提升，跆拳道运动的精神修炼使人们成为把精神欲求的实际行为具体化的有效载体，因此跆拳道不仅是一项现代奥林匹克竞技运动，还是一项高尚的休闲健身体育运动。

跆拳道的技术动作特点鲜明，都是以人的防御本能和生理结构特点为基础，随后才慢慢从消极的防御动作发展到积极的进攻

状态,最后,使练习者达到技术运用自如,形成技术的自动化阶段。

2. 跆拳道的精神意义

练习者在进行跆拳道锻炼时,通过身体的运动,会影响全身的每一块肌肉、每一个器官,因为跆拳道的腿部移动和踢击使得人的皮脂含量相对较低,因此练习者的身材比较修长,从而达到塑造形体的功能,进而人就会显得精神,练习者的精神面貌就会好。因此,展示在我们面前的跆拳道练习者不单单是一个四肢健壮、形体苗条、体格健壮的人,还是一个充满朝气,意志坚强、思想积极上进、富有生活激情的现代人。

随着社会经济水平的不断发展和提高,人们早已不满足以活着为目标的生活方式,而是在不断追求生活质量、水平和自身修养的提升,而这其中很大一部分是精神方面的需求,为了达到和实现这一目的,人们需要寻找一项能够满足感知需求和理性需求的综合体。跆拳道的运动锻炼正好符合这一要求,既是提高身体机能、培养心理素质的有效健身运动,又是调节平衡心态,养成良好道德情操、磨炼意志品质的修身运动。

跆拳道礼仪约束使得每一位练习者都懂得尊重对手、尊敬师长,懂得以礼仪规范的道德约束来作为跆拳道技术训练中的学习基础,进而达到身心合一、融合内外双修的人格品德。跆拳道课程要求学生和教师上课前和下课前向国旗敬礼,对学生进行爱国主义教育。跆拳道训练的每个细节,都可融入对学生的价值引领和哲学内涵体现。

3. 跆拳道是人格形成的导引

跆拳道运动以其内外兼修的东方武道特性,成为风靡世界的搏击运动。跆拳道的训练具有极强的科学性和心理训练特点，尤其是跆拳道的对抗属性要求练习者的胆量、自信心、判断力、勇气、精神都在训练和竞赛中体现出来。

人的身体运动可分为激烈的和轻快的两种。激烈的身体运动对于培养人的意志和勇气，增强自己的胆量和自信非常有利。而相对柔软轻快的运动，则能使人体循环系统的脏器器官变得顺畅而圆滑，并能培养人的意志力和忍耐性。跆拳道可以说是较理想地具备了以上两种特点的运动。被认为是斗智、斗勇、斗技术的跆拳道，可培养和造就出一个强大而积极的人，同时也能养成人的坚毅勇敢、积极进取的精神，使其成为具有判断力和胆识，又能充满自信心和安定感的人。因此，可以说跆拳道是培养人们优秀品格的一种很好的运动，他还可以通过爱国教育、礼仪教育增强和激发练习者的爱国主义精神。这种关系可用下图表示：

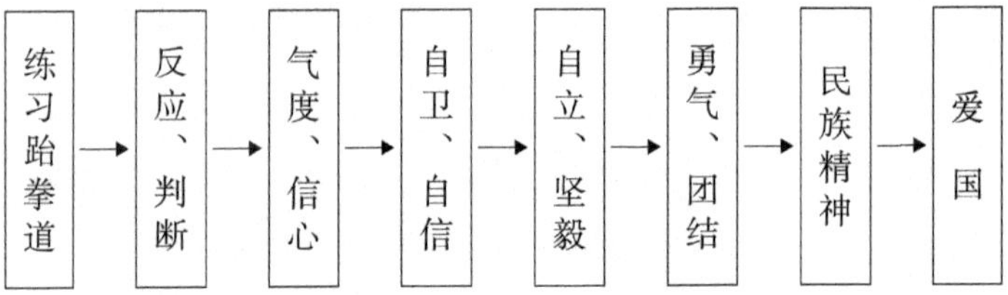

图 4—1　跆拳道练习者精神修炼进化图

4.跆拳道的体育价值

跆拳道以其科学的训练体系和多样的运动形式，受到了全世界广大搏击爱好者的欢迎和青睐，被称为“世界第一搏击运动”。跆拳道作为现代奥林匹克运动和健身功能显著的时尚体育运动，赛事不断增多，参与人群不断增多，带动和推进了体育产业的快速发展。

跆拳道运动是一项具有拼搏竞争的竞技对抗运动，赛场上运动员不断挑战自我，发挥更高、更快、更强的体育精神，展现了体育的竞技美和体育精神。防身自卫也是跆拳道项目体育功能的一种，简单实用的跆拳道技术展现了通过锻炼达到的防身自卫的功能，通过训练的积累在功力特技、艺术表演方面成为具有观赏性的体育表演。

5. 跆拳道主要关节武器化的特点

跆拳道技术在不断地总结发展中，形成了自己诸多的风格和特点，其中最重要的一条，就是将人体的一些主要关节部位武器化。当个人遭受外力攻击时，即可把这些部位当做一面盾，用来防守；当进攻时这些关节就成为武器，这就是跆拳道关节武器化的特点，也是跆拳道的技术本质，并在实践中被证明是行之有效的。只有在这样的前提要求下，才能使锻炼出来的拳头，变成犹如铁锤般的坚硬并具有杀伤力；手指也会变成灵活的武器；手刀变化且锐利；脚威猛而具有强大的杀伤力。为了达到这样的水平，就必须刻苦地将拳、手、脚、膝、肘等关节部位武器化[①]。根据这一目的，跆拳道就规定了一些基本姿势，并根据各主要关节部位武器化的要求，产生相应的基本动作。虽然我们可以简单地将跆拳道的关节部位武器化定性，但是在实际运用中，人们却无法准确地测定出它们的威胁和潜力到底有多大，因此，定量是比较困难的。为此，人们便想到通过应用各种跆拳道技术，将身体腾跃到空中，然后对着红砖、瓦、木版做跳步踢并尽量多地去击破（断）它们，以此作为测量其功力大小的标准和威力。

---

① 叶莱，周五一，李维高. 跆拳道——坚韧精博的东方强身武术[M]. 北京：北京体育大学出版社，1991.

跆拳道作为一项运动,承载着以身体为基础文化符号的自我展示,是受人类社会活动制约的体育教育形式。跆拳道既体现了民族传统体育文化的引领,又展示了对练习者运动技能素养的培养。跆拳道运动以奥运会为最高展示舞台,以群众体育为基本平台。跆拳道产业是体育产业中的一个分支,包括跆拳道的道馆、俱乐部、跆拳道文化、跆拳道赛事、跆拳道专业的品牌等。跆拳道产业兴起的动力在于跆拳道运动本身以及其文化对广大人民群众特别是青少年日益增长的兴趣需要。跆拳道的产业形成对于体育消费健身有着不小的推动作用,跆拳道项目的独特性构成了相应的产业文化和俱乐部培训体系,带动了运动产品和附带产业的发展,并满足了社会需要,出现了一大批生产跆拳道相关健身产品的企业和技术培训服务业,也就构成了广义上的跆拳道产业。跆拳道产业像其他产业一样承担着解决就业和创造经济价值的功能。

第三节　我国跆拳道产业发展的优势分析

一、人口与人才资源

我国作为世界人口第一大国,人才济济,各类人才辈出。随着社会经济整体水平的不断提高,人们的物质和精神生活水平也得到大幅提升,进而人们对于精神生活和文化活动的要求也越来越多,呈现出不同的个性化需求。跆拳道作为奥运会正式比赛项目,既有竞技对抗的竞赛,又有品势演练的修身,还有功力检验的特技,加之优秀的礼仪文化教育,使得跆拳道运动在中国虽然发展时间不长,但该项目在我国的发展速度非常快。经过近 30 年的快速发展,跆拳道在中国已经形成了庞大的练习群体,优秀竞技后备人才、道馆培训服务业已初具规模,竞赛体系已经形成。2018 年据有关不完全统计,目前我国大众中学习跆拳道的人口比较多,有约 1300 万人,拥有 5800 多所跆拳道俱乐部和道馆,经常在学校练习的人口超过 230 万,已成为促进体育产业发展的核心消费人群。充足的人口和人才资源是跆拳道市场化的基础。中国跆拳道协会的成立,制定了许多有关跆拳道管理的规章制度,使跆拳道向市场化方向发展有了基础保障。对教练资格进行技术水平和等级的评判考核,使家长或练习者能够更直接、更直观地了解教练员水平并进行选择,有了强大的人口基数作为保障和基础,跆拳道学员的数量也在日益增长。根据相关调查显示,很多家长让自己的孩子学习跆拳道主要出于以下目的:一是为了强身健体;二是为了防身,保护自己;三是跆拳道具有修身、礼仪教育、感恩教育的独特教育功能。

二、技术资源

跆拳道技术资源包括由相关行业和部门组成的服务和资源。通过调查发现,在跆拳道培训业中,无论是连锁经营、独立经营,还是合作经营,大多数培训业管理者认为场地是制约道馆发展的最重要因素,成为主要经营成本。商业教学用地面积越大,租金就越昂贵,土地成本越高,这直接制约着道馆的规模与环境,更会进一步影响道馆的招生和服务设施的建设。

说到跆拳道技术资源,也不得不回归到跆拳道技术本身,跆拳道的技术被称为“脚的艺术”。跆拳道技术体系分为脚的技术和拳的技术,技术体系科学、简单、实用性强。由简单的技术动作构成变换多样的组合技术，成为跆拳道竞赛吸引观众的主要原因。品势练习成为跆拳道练习者修炼的一个主要内容。传统品势分为初级的太极八章和高级的高丽、太白、平原、十进等，还有根据练习者水平以及竞赛规则编排出来的自创品势，更是精彩。

跆拳道技术体系简单易学、动作简单、易于掌握；在教学内容方面有礼仪精神、竞技比赛、品势演练、功力特技、防身自卫、艺术表演等教育功能。练习者通过一段时间的练习可以按照规定考取相应的级位或段位。

在我国尚武之风由来已久，各种拳种和外来搏击术都得到了很好的发展。我国的武术人口众多，为跆拳道行业提供更多的高水平的技术人员是有保障的。

三、市场资源

世界著名哲学家菲利普·科特勒说："市场营销是一种社会活动和管理过程，个人或团体创造、提供和与他人交换有价值的产品，以满足他们的需求和愿望。"麦卡锡从宏观上总结了市场管理是一个社会和经济活动的过程，旨在满足社会或人类的需要，实现社会目标。总之，为了满足消费者的需求，市场营销通过各种市场细分技术对消费者行为进行分析，定位目标市场，从而获得一些具体的营销策略。可以看出，营销和销售之间存在差异。销售是指销售目标产品或服务，但营销的意义相对较广，强调卖方对市场的充分理性分析，然后以市场需求为主要方向，从而策划一系列适当的营销活动。

4P(Product、Price、Place、Promotion)营销理论对跆拳道产业发展的启发作用。4P 营销理论包括四个要素：产品、价格、地点和宣传。我们通过分析可以知道跆拳道产业中无论是直接的物质产品或培训服务产品,其质量的好坏、价格的高低、营销手段或促销活动的进行以及经营地点的选择成为决定营销效果高低的重要影响因素。跆拳道产业的产品包括跆拳道器材实体、服装鞋帽和延伸产品,以及技术培训、知识产权开发等。在市场中跆拳道产业会通过竞争比较、成本增加、目标利润和市场差距来制定价格,从而实现产品的交换。对于营利性企业,产品定价应考虑市场营销和企业效益。价格与产品的内容有关,也与附加的内涵有关。促销是指利用销售策略刺激潜在消费者进行消费,吸引消费者提前消费,从而促进消费增长的过程。宣传,是指产品从生产者向消费者传达信息的销售过程。普通消费品将通过代理商、批发商、购物中心或零售商店达到消费者手中。另一方面,直销模式中没有中间环节,中间利润可以直接转移给消费者。

4C(Customer、Cost、Convenience、Communication)营销理论对跆拳道产业发展的启发作用。4C 理论是由劳特芬教授于 1990 年提出,它是一种面向消费者的营销理论,注重消费者导向。4C 是指消费者、成本、便利和沟通四个要素,认可顾客也就是消费者的消费需求,了解消费者的潜在需求,来提供产品和服务,同时产生了客户价值。成本不仅指企业对产品的定价,还指顾客的购买成本,所以产品的定价应该低于顾客心理价格,同时又让企业或公司有利润。便利是指为顾客提供最大的购物和使用便利,而不是企业自己方便了事,便利是客户价值不可或缺的重要部分。沟通是指生产者的供给与消费者的潜在需求之间的双向关系。生产者通过与消费者的双向沟通,在共同利益的基础上建立企业与消费者的关系,从而与消费者建立长期稳定的关系。

不管是 4P 或是 4C 营销理论,它们的目的是通过分析各自的变量来达到刺激市场的目的。因此,在跆拳道产业中可以借鉴的营销理论分析方法通常采用4P、4C的理论，既有基础营销战略的分析工具4P营销理论，又有基于客户战略的营销战略分析工具4C营销理论。用这些理论对市场现状进行宏观分析，重新审视市场的原始定位，以及如何确定正确的市场定位。最后，为了增强跆拳道产业市场竞争优势，根据跆拳道产业市场的特点进行规划，提高客户满意度和信任度。

因为我国人口众多，社会经济水平提高迅速，人们对于精神文化的要求也越来越高，个性化需求的不断提升，对于健康问题的关注，防身自卫的功能要求，都为跆拳道运动发展提供广阔的市场需求和资源。

第四节　跆拳道产业研究

跆拳道产业近几年在我国各省市发展迅速，各种跆拳道培训机构数量与日俱增，跆拳道相应产品、衍生品不断推出，各种以旅游、竞赛、互访等方法运行的产业附加项目琳琅满目。但是，用产业可持续发展的视角去评判跆拳道产业的运营和现状，发现还存在较多不足之处。下面就对我国各地跆拳道产业发展情况进行一下梳理。

一、区域地方跆拳道产业发展研究

学者对江苏省跆拳道馆的经营状况进行研究后，认为江苏省跆拳道馆的分布与地区经济水平有直接关系，经济水平相对发达地区运行相对较好；经营模式多为连锁经营模式，且运用营销方式较为先进，效果较好；跆拳道道馆突出服务理念，收费方式多样满足顾客选择；也提出江苏省跆拳道馆的经营者的学历层次、经营知识、专业水平是影响经营效益的主要问题。教练员学历、年龄结构偏低，职业精神不足等有碍跆拳道馆的发展。江苏省经济水平在我国位列前茅，江苏省跆拳道队竞技成绩斐然。在这种大背景下江苏省仍有很多道馆经营并不理想。经营方法、管理手段、人员水平、专业知识、产业模式都是影响其发展的重要因素①。

有学者以山西省跆拳道馆的经营状况为例进行研究后发现，山西省跆拳道馆经营者年轻化突出、学历水平不高、多数具有跆拳道运动经历、具有较高的跆拳道专业知识。但他们缺乏经营和管理方面的专业知识，经营意识、管理水平和管理经验不足，有待大幅度提升，当地缺少体育经营和体育管理人才。山西省的大部分跆拳道馆经营资质不全，收费标准混乱。建议相关部门定期开办经营管理的培训班、讲座或定期举办交流会，提升山西省跆拳道馆的经营和管理水平，建立完善的教练员培训、考核体系②。

姜文龙、卢忠瑾采用文献资料法、问卷调查法、访谈调查法和数理统计法对延安市跆拳道俱乐部的运营现状做出深入调查与分析，立足延安市的地域特点和要求，全面分析延安市跆拳道在发展的同时存在的一系列问题，根据实际情况提出延安市跆拳道协会和政府应发挥主导作用，规范收费标准，扶持俱乐部和体育产业的发展；经营者要改善跆拳道俱乐部硬件设施，充分利用训练场馆，加强对外宣传，完善俱乐部的管理制度，提高教练员综合素质，不

① 边文洪. 江苏省跆拳道馆经营现状问卷调查与分析[J]. 科技信息，2010(13)：103－104.

② 周旭超. 山西省跆拳道馆经营状况的调查研究[D]. 山西大学硕士学位论文，2012.

断学习。从而使延安市跆拳道俱乐部规范、健康地发展[①]。

通过对湖北省跆拳道发展现状进行调查得出：湖北省跆拳道的竞技水平在全国处于中等水平，湖北省内各市跆拳道竞赛在逐渐完善，参赛队伍逐渐发展强大；跆拳道道馆在省大众跆拳道协会的管理下发展相对较规范，也在不断壮大；湖北省高校跆拳道俱乐部、协会、社团发展平稳、良好有序，但教学质量有待提高，专业训练场地、器材有待完善；高校跆拳道学习有教学和考试大纲，教师的水平参差不齐、教学设备的欠缺导致教学目标无法得以实现[②]。

我国地域广阔，人口众多地区经济发展水平存在差异，跆拳道产业发展的速度、规模也受其影响。在我国跆拳道产业的发展过程中，多数地区都是以跆拳道培训业为例，跆拳道培训服务业中的场地条件、收费标准、教练待遇、附带消费等都直接或间接与该地域经济水平和消费水平有关，同时也与该地域文化背景有关。相对于系统地对一个区域或者城市进行跆拳道产业的系统研究较少。

二、跆拳道主要产业——服务产业的构成要素

跆拳道服务业是跆拳道产业的主体，它包含以多种形式的体育场馆场地为活动地点的跆拳道培训、健身、技术指导咨询和体育竞赛表演。

跆拳道服务业在社会发展中不断成熟、完善，但目前对于其构成要素国内尚没有较成熟的研究结果和定义。通过对体育服务业

---

① 姜文龙，卢忠瑾．延安市跆拳道俱乐部运营现状调查分析[J]．延安大学学报(自然科学版)，2018(2)：104－107．

② 谢晓燕，陈阳．湖北省跆拳道运动发展现状分析[J]．当代体育科技，2017(25)：181－182．

的分析研究,结合跆拳道产业的特点和实际,得出跆拳道服务业的构成要素有如下几个方面:①场馆场地,跆拳道服务业应有必要的场馆和场地来保障其专业服务和服务质量。场馆好坏与场地的大小会直接影响消费者心理变化和消费评价,所以说体育场馆场地是跆拳道服务质量保障的前提。②设备设施,必要的设备设施是提供跆拳道服务的基础和根本保障,跆拳道服务的设备设施是其服务的基础和重要组成部分。跆拳道专业设备设施、保健、卫生、急救等专业设施设备齐全,会使消费者在进行跆拳道消费活动中对于产品更易于接受。服务设施设备的档次与配置及舒适程度,取决于资金投入和设备的运行维修保养。③技术,跆拳道服务业的核心,包括技术人员的专业水平程度、指导、教学、帮助方法,以及在跆拳道服务过程中的服务态度、服务技巧、服务内容、服务质量、服务效率等。④环境与安全,环境是指跆拳道服务场馆场地向消费者提供服务时消费者的感受,由场馆地理位置和周边景观、内部装潢与布置和卫生、现场气氛组成。安全包括建筑场馆安全、器材安全、活动内容安全、消费者自身和财产安全、消防安全、练习安全保障等。

跆拳道服务产业是服务的一种,具有服务的共性。因为跆拳道服务本身不是一种固有物质形态,具有无形性,是以非实物形态存在于市场和特定社会活动中的体育产品,通过对跆拳道的价值与功能在市场中的交换,来实现其价值。跆拳道像其他体育项目一样,服务的提供和消费是同时进行和完成的,因此跆拳道服务具有无法储存且消费者效果感觉和评价差异较大等特点。跆拳道的本质属性决定了跆拳道服务业与其他服务业产品相比具有较大特殊性。主要表现在:①跆拳道服务的过程和体验有不可逆和不可重复的特点;②不同人群对于跆拳道服务带来的精神、身体上的感受不同，且反应差异较大；③服务对象对服务质量和效果的影响大；④在消费活动中消费人员的认知水平和层次不同、地域和教育背景不同都会表现出不同的价值量；⑤跆拳道服务产品的生产是属于体力密集型劳动；⑥跆拳道服务不同于其他服务的显著特点是具有结果的可积累性特点。

跆拳道服务业的快速发展是社会发展的需要。跆拳道服务业具有较强的关联性特征，对其他产业能够起到有效的联动作用，可以带动其他产业发展。例如，跆拳道服务业可以有效促进旅游业、服装业、广告业等产业发展，跆拳道服务业与各种产业相互联合都可以创造出有价值的效果和效益。跆拳道服务业是有效刺激经济消费和拉动内需的经济动力。跆拳道服务业投资相对于其他产业较少，对于投资者具有较大吸引力。随着人们对跆拳道服务业的需求不断提高，需要更多的投资者来满足跆拳道服务业快速发展的需要，社会投资兴办跆拳道服务业和相关产业是跆拳道产业发展的主要力量。

跆拳道服务产业的发展离不开社会发展过程中人们对于美好生活的强烈需求，离不开社会经济建设快速发展的大好机遇，离不开人们日益增长的业余文化需求。因此，跆拳道产业的快速发展是在我国体育产业蓬勃健康发展的大背景下，在国民经济快速增长的大背景下形成的。跆拳道产业的健康、有序发展有着十分重要的作用和意义。

第五节　跆拳道产业融合发展研究

一、体育产业融合发展研究

经济水平的不断增长，使得体育产业在我国的发展进入快速成长阶段，体育产业素质已经进入高平台的市场锤炼周期，体育产业结构随着消费需求的升级也需要提升和融合发展，以此来满足这种消费需求。随着体育产业规模的逐步扩大，技术的创新与更新以及产业组织成本控制正逐渐走向市场一体化模式。市场中体育企业、体育赛事公司、体育经纪人数量的不断增加，体育企业品牌与体育商品品牌知名度的扩大，为体育产业核心竞争力的增强提供了条件。社会分工成为产业分化和产业提升的主要原因，分工有利于提高劳动熟练程度、改进技术和提高劳动生产率。市场经济水平的不断发展，导致分工的不断深化进而引起交易费用的不断升级，进而促进分工的进一步细化延伸。

体育产业链是体育产业部门与部门之间基于市场经济的关联，并依据特定的逻辑关系和时间、空间、地理布局关系形成的链条式关系关联形态。产业链的形成主要原因是社会分工的不断细化，进而引起了体育产业链组织的深化发展。体育产业链的整合，从其根本上是为了顾客创造新的、更大的价值和挖掘、传递体育的新的文化价值。在体育产业链的整合中，体育技术的创新与更新、市场需求的不断增长、体育产品生命周期的改变、体育企业的发展战略、政府出台相关体育产业政策都是体育产业链加剧演进与不断精细化的重要因素。因此体育产业链整合的终极目的是在市场竞争中获得优势，谋求和创造更多的利润。

产业集群是为获得新的互补技术，从互补资产和知识联盟中获得收益，加快学习过程，降低交易成本，克服或构筑市场壁垒，取得协作经济效益，分散创新风险和相互依赖性很强的企业、中介机构和客户通过增值链相互联系形成的网络①。体育产业集群的出现，给体育企业带来了资源可选性加大、产品的生产成本随之降低、具有专业化水平的劳动力资源配置集中等相关信息与资源的充分共享。企业商业风险的分散分摊，使集群中企业能够经济利益均沾，形成一定的集群规模经济利益。在体育集群形成的发展中，部分体育企业为了得到更好的发展并获取更大的市场优势，进而在技术更新与创新和管理方法和手段的创新上做文章，不断实现更大范围内生产基本要素和资源的重新组合与分配，进一步加快与其他相关产业的融合发展。体育产业集群的形成加速和助推了体育产业融合发展的可能性。

其实当我们深入分析研究体育产业融合，从其本质上来看，体育产业融合就是某一种产业在不断演进过程中生产方式的创新性发展。产业创新包括产业的产品、生产技术、制度、管理、市场和组织等方面的创新。在体育产业融合的有效推进中，就需要依靠和利用各种创新资源，借助各种创新条件，利用制度、组织及管理创新途径，借助企业、政府的有力支撑，逐渐实现产业内部和产业间生产要素的有效整合②。“融合无处不在(Conver gences are ubiquitous)，融合是分离的市场间的一种汇合和合并，跨市场和产业边

① J. A. Theo，RoLelandet and Pim den Hertog. *Clusters Analysis and Cluuster —based Policy In OECD Countries* [R]. Paris：OECD. 1998.

② 李燕燕. 我国体育产业融合成长研究[D]. 武汉体育学院博士学位论文，2014.

界进入壁垒的消除”。①

在体育产业发展过程中，部分体育企业为了得到更好的发展并获取更大的市场优势，进而在技术更新与管理手段的创新上，不断实现更大范围内生产要素和资源的重新分配，并进一步加速与其他相关产业的融合发展，进而形成体育产业融合下的新型产业形态发展的动态过程。

二、跆拳道产业融合发展的特征

1. 市场需求的主导作用

体育产业属于第三产业，与生产技术高附加值产业相比，明显体育市场消费需求增加的作用更为突出。国民整体经济水平的提升，为体育产业融合化发展领域的拓宽和延伸提供了基础，消费者对于体育的个性化、高级化需求的增长和这种消费需求的不断提升，也成为体育产业融合发展和快速成长的积极动力。正是消费市场对于体育消费的个性化、高级化需求的增长，进而对体育产业内部及相关产业之间融合发展提出了更高要求。

跆拳道产业的融合就是在加快和促进体育消费的政策与市场消费不断升级的背景下，跆拳道产业对内深化、细化、个性化、定制化、功能化服务项目，对外与相关产业进行融合，与教育、旅游、生产等产业进行对接合作融合，拓宽和延伸跆拳道产业市场服务内容，加大和深挖高级、个性市场消费需求，实现跆拳道产业与相关产业的进一步整合。

---

① Lind J. *Ubiquitous convergence: market redefinitions generated by technological change and the industry life cycle* [R]. Paper for the Druid Academy, Winter conference, 2005.

2. 产业价值不断延展

在体育产业融合发展的动态进程中，体育产业链更多地表现为知识、功能、价值等方面的关联。体育产业作为第三产业是以服务业为主，因此只有对体育产业的价值与功能不断进行全方位、多元化的开发与挖掘，使形成的新产品、新服务受到消费者的认可与青睐，满足消费者的高端消费需求行为，实现经济利益的最大化。

当前体育市场竞争激烈，在经济全球化发展的进程中，跆拳道产业的融合发展是在跆拳道产业经营中生产要素交叉渗透、合作交流、提升重组的过程中实现的，形成了以市场需求为导向、以顾客导向为中心、以价值延伸为手段的新的跆拳道产业融合发展路径，不断升级跆拳道产业中体育价值与功能的满足和开发。跆拳道产业发展的最大特点是紧紧抓住了市场、消费者需求，突出了终端服务和连锁经营特点。因此，跆拳道产业的价值延伸性体现在服务种类与方式的多样化和符合消费需求的产品与服务不断出现，更好地迎合现代人生活方式与节奏的产品层出不穷，进而形成了达到实现产业竞争优势的目的。

3. 创新发展模式

创新产业发展模式是在产业不断进步与提升过程中逐渐形成和创造出来的，其实我们也可以直接看成是不断进行产业融合进而实现产业分工的内部化，本质上就是一种新的发展模式在产业演化过程中的创新。社会分工是经济增长的主要动力，分工有利于提高劳动熟练程度、改进技术和提高劳动生产率，有利于市场经济水平的不断发展，而产业融合进一步促进了分工的细化和延伸，实现了在产品设计、制度建立、组织管理等方面的创新发展。在这一过程中区域经济一体化提高了人力资本,促进了技术创新,提高了生产率。产业的自组织系统(self－organization)是产业自身对于市场、竞争、资源配置、自我循环的一种创新性的自适应能力演化系统。

目前跆拳道产业融合发展还不成熟,自组织系统也不完善,跆拳道产业在新产品的开发、新的服务构想、商业化营销模式、满足个性化消费需求等方面正在积极探索。当主流需求发生变动时,社会整体需求结构会发生变化。市场需求的多层次性决定了产业的多层次性,产业的单一性也决定了市场的单一性。市场需求加速产业成长,对于产业成长具有积极的导向和推动作用。它从根本上推动跆拳道产业融合发展的同时,形成新的产业形态势并助推跆拳道产业新的经济增长点的到来。

三、跆拳道产业融合发展的类型

跆拳道产业的发展在我国时间不长,但其快速崛起成为体育产业中的新生力量。随着市场经济条件的不断完善,体育产业资源过于集中并受政府部门、垄断,跆拳道产业发展受自身特征的制约、行业技术创新能力有限等问题已得到较大改善和提升,但跆拳道产业要在新的市场经济体制下融合发展就必须立足市场经济运行规律及跆拳道产业属性特征和规律。

跆拳道产业融合是以传统培训业为基础。从产业视角出发跆拳道产业的融合类型有:第一,技术融合,在跆拳道培训业中,不断借鉴和创新技术训练方法和手段,在内容上融合其他同属竞技对抗类项目技术特长;第二,业务融合,跆拳道业务融合除了与传媒、信息、营销等业务交叉融合外,还有与无关联同属培训类项目进行销售组合型的业务融合;第三,市场融合,跆拳道产业的市场融合在跆拳道用品的生产业上体现更为突出，包括产品的更新换代、器材设备的技术提升等。

本章小结：

本章通过对跆拳道运动中具有文化内涵底蕴的礼仪精神、具有套路规范的品势演练、具有拼搏竞争的竞赛对抗、具有功能显著的防身自卫、具有修炼积累的功力特技、具有升华脱俗的艺术表演展开介绍，充分体现了跆拳道运动的修炼内容的可选性和系统性特征。同时深挖跆拳道成为产业发展的归因，发现现代跆拳道修炼内容的系统性是其成为产业的重要原因；现代跆拳道运动的特点鲜明、突出是其成为产业化发展的重要因素；现代跆拳道运动的作用广泛是其成为产业发展的基础要素。认为跆拳道的文化引领是跆拳道产业发展的原动力，跆拳道运动的文化内涵成为练习者的追求目标。

通过对人口与人才资源、技术资源、市场资源等优势分析了跆拳道产业的发展。并对区域地方跆拳道产业发展研究、跆拳道主要产业——服务产业的构成要素等问题进行梳理。

随着对产业融合研究的不断深入我们发现，技术的更新与创新、市场需求的扩展、政府政策的管制与扶持、企业管理制度的完善与进步都是推动和加快产业融合发展，成为产业融合的动力和主要因素。市场需求的主导作用、产业价值不断延展、创新发展模式成为跆拳道产业融合的主要特征。

第五章　天津市跆拳道产业发展现状与模式研究

从一个成熟产业的整体发展角度来看，跆拳道产业的相当一部分还有待进一步深入开发，且开发潜力巨大。随着市场经济的不断完善，为新兴的体育服务业提供了更为广阔的市场需要，社会、政府有序管理健康引导、约束与治理并重，使其科学、健康、有序地发展壮大。从经济学角度分析，新兴的商品，即非连续性技术商品形成市场之际会存在一个必须逾越的巨大障碍。这就是利用者即消费者的认知问题。即便开发出优秀的产品，但是如果得不到消费者的认可，就谈不上形成市场。非连续性技术要获得人们的认知和理解是需要一定时间的。在获得认知和理解之前，这种认可程度的差距会导致商务上的差异，即数字鸿沟（Digital Divide）①。这种差距的存在导致了新兴产品在商品领域不会发展成巨大的、健全的、稳定的产业。也就是说，任何一个产业作为一个新兴产业得到认可是需要时间的②。跆拳道产业中跆拳道服务业在这方面较其他产业相比存在较大的突出优势，因为跆拳道服务业已经获得大多数人的认知和理解，同时跆拳道运动也赢得了大

① 周红梅.网络组织及提升制造业产业竞争力的研究［D］.武汉理工大学博士学位论文，2007.

② 李可.我国体育服务业的产业化发展和体育服务管理研究［D］.天津大学硕士学位论文，2006.

多数的好感或潜在好感。这使得跆拳道产业作为新兴产业在市场上经营发展起来成为必然。

天津市作为“推动京津冀协同发展”战略中的目标城市之一,在成功承办第十三届全国运动会后,天津市的体育产业也得到了快速发展和完善。天津市的地理位置优势和国家的重视对天津来说开展体育产业的利好条件。天津市在环渤海经济圈中占有重要地位,“推动京津冀协同发展”战略、国务院《关于加快发展体育产业促进体育消费的若干意见》的下发、国务院办公厅关于印发体育强国建设纲要的通知,对促进和推进天津市跆拳道产业的发展与转型升级、拓宽创新和质量提升都是难得的机遇。

第一节　天津市跆拳道产业的兴起与发展

1996 年中国跆拳道集训队落户天津市西青区体育馆,我国正式开展跆拳道运动,天津市接触跆拳道运动的序幕也就此拉开。1997 年 12 月随着天津市跆拳道队组队集训工作的开始,跆拳道真正被广大青少年体育爱好者和天津市各区县体育工作者所认知。天津市跆拳道产业雏形也相继孕育而生,“川正”“拳恒冠军”等跆拳道体育用品公司相继成立,“泉润”“道魂”“武德”等一批跆拳道培训机构的出现为天津市跆拳道产业的发展起到了推动作用。

1998 年 11 月以普及推广跆拳道运动,组织跆拳道培训、承办各类国内跆拳道比赛为工作内容的社会团体——天津市跆拳道协会正式成立,标志着跆拳道的社会组织已初具规模,同时社会更需求有序、健康、良性的发展管理。

2018年天津市独立跆拳道培训机构、培训综合体中跆拳道项目、跆拳道培训连锁机构等已快速发展起来。天津市跆拳道协会跆拳培训机构的注册单位有148家。跆拳道用品生产和经营的企业数量也有大幅增加，个性化服务、订单式生产、产品种类等都有较大提升和丰富。

随着跆拳道培训服务业的不断发展壮大，配套服务应运而生，生产和经营跆拳道器材、服装、道鞋、文化产品的公司开始活跃起来。据不完全统计，2018年天津市跆拳道用品生产企业10家，经营性公司13家，2018年天津市跆拳道协会注册的148家培训机构团体会员单位中有131家为独立经营体，其中部分以连锁和加盟形式存在，2018年一年天津市举行市级、区级跆拳道赛事共13项。这些企业、培训机构、赛事为跆拳道产业健康、快速发展起到保障和推动作用。

第二节　天津市跆拳道产业的发展现状

跆拳道作为奥运会正式比赛项目，既有竞技对抗的竞赛，又有品势演练的修身，还有功力检验的特技，加之优秀的礼仪文化教育，使得跆拳道运动在我国的发展速度非常快。经过近30年的快速发展，跆拳道在中国已经形成了庞大的练习群体，优秀竞技后备人才、培训机构培训服务业已初具规模、竞赛体系已经形成。

天津市跆拳道产业在我国相对起步较晚，经过了近20年发展和壮大，规模已见雏形，尤以跆拳道培训产业最为突出。跆拳道运动成为一种时尚运动而流行，时尚文化在体育项目推广方面的作用越来越受到人们的关注。也可以说,跆拳道运动发展速度之快,正是时尚文化体育推进的突出代表。作为时尚和流行体育的跆拳道运动,对青少年的生活方式和认知水平都有着重要的影响和帮助,它的发展与天津市整体经济水平不断提高、天津市民对美好精神文明生活的向往密不可分。跆拳道培训业的快速发展自然会促进相关产业发展,如旅游、器材、服装、竞赛表演业等。

一、天津市跆拳道培训服务产业发展现状调查

体育培训服务业是一种体育培训产品交易的场所以及其相关的各种体育活动交易关系,从而实现社会资源的优化配置。具体说是指在专业场所专门从事体育技术、技能培训的有偿活动。目前我国的体育培训服务业市场已悄然成为体育产业中的一支新生力量,起到了安置和吸纳体育专业人员就业或创业、满足社会需求、为社会经济增长做出贡献的功效。

天津市跆拳道培训产业发展有多种形式存在,有独立经营、技术合作、场地合作、培训综合体开设课程等。但随着产业发展的不断成熟,跆拳道培训业以独立经营体和连锁形式最为普遍。2018年天津市跆拳道协会注册的148家培训机构团体会员单位中131家均为独立经营体,其中部分是连锁和加盟形式。本研究通过对天津市7家具有代表性、经营效益较好的培训机构进行调查研究,来客观反映天津市跆拳道培训产业中的情况。

对7家有代表性的天津市跆拳道培训机构进行统计调查发现,当培训机构总体人数提高时,其培训机构数量也较高。在这7家培训机构中,单个培训机构平均人数均在200人以下,这与培训机构地理位置所辐射的居民活动范围有直接关系,培训机构数量较多且较密集的情况下,培训机构场地面积大小也会直接影响学员数

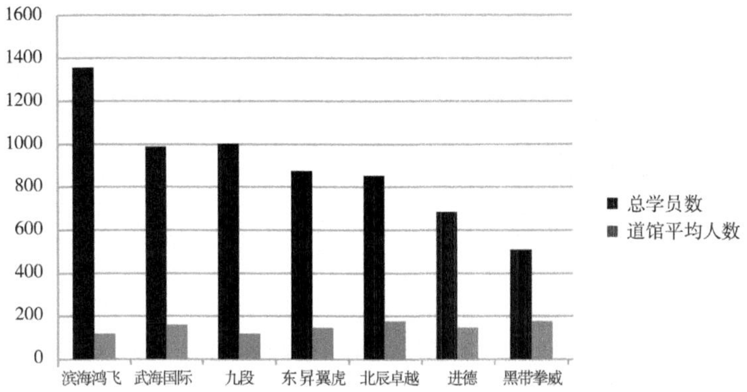

图 5—1 天津市 7 家跆拳道培训机构学员人数统计

量。根据调查发现,单个培训机构学员人数最多的也很难突破 300 人,说明作为一项技能类培训项目其受众人群本身就受到各种因素限制,培训机构位置辐射服务区域、场地活动空间、安全保障、教学质量、课程时间安排等一系列问题会直接影响到生源数量。当然这与培训机构所处地理位置,场地面积大小等有直接关系。从总体看,天津市跆拳道培训业独立经营体经营较好的情况平均学员数量在 150～200 之间,当人数越少时,经营的压力就越大。场地租金、员工工资、经营费用、市场营销等诸多问题都影响着跆拳道培训业在质量水平方面的提升。如何进一步提升跆拳道培训业的经营效益,提升培训机构自身吸引力和竞争力,充分利用好资源配置是天津市跆拳道培训业亟待解决的问题。

在跆拳道培训业中最为重要的因素是跆拳道教练员的教学水平、组织能力以及沟通能力,它将成为跆拳道培训中最为直接的影响因素。跆拳道教练员职业能力水平决定了经营的业绩,以教学培训为主的跆拳道培训机构主要输出跆拳道技术,但同时教学课程的组织、与家长沟通水平、突发事件处理能力等一系列问题都能反映出教练员职业能力水平的高低。

稳定的、教学水平高的、沟通能力强的教练会成为跆拳道培训业中的技术核心组成部分。不稳定的、沟通少的、组织能力差的教练员会提高学员流失率，影响到正常经营活动。本研究对天津市具有代表性的 7 家跆拳道培训机构教练员人数与学员比例进行调查。

表 5－1　天津市 7 家跆拳道培训机构教练员、学员人数统计

培训机构	教练数	总学员数	师生比
滨海鸿飞	19	1359	1∶72
武海国际	15	984	1∶66
九段	14	1007	1∶72
东昇翼虎	10	877	1∶88
北辰卓越	12	853	1∶71
进德	14	675	1∶48
黑带拳威	5	506	1∶101

通过对教练员、学员的数量调查，可以从表 5－1 中发现教练员与学员比例最低的为 1∶101，最高为 1∶48，由于经济、教育发展程度、教育内容和体制不同，对师生比的要求也不同。各级各类学校的培养目标、教学内容及教学手段不同，师生比亦不同。一般情况下，办学条件基本相同的同级同类学校中，平均每个教师负担的学生多，则教学工作量就大，人力资源及财力资源的利用率就高；反之，每个教师负担的学生少，说明教师工作量小，人力资源及财力资源的利用率低[①]。跆拳道教练员作为一个培训机构经营的直接

① 顾明远. 教育大辞典[M]. 上海：上海教育出版社，1998.

技术工种,对于培训机构的经营状况起到至关重要的作用。同时我们也应清楚地看到培训机构教练员的数量,进而反映出每名教练员的工作量,也就是培训机构中师生比例问题。师生比例过大,对于培训机构来说节省了相应运营成本、人员管理等问题,同时过大的师生比例,势必也会影响到教学质量的保证。跆拳道培训机构在运营中应把握好教练员和学生数量之比,根据自身实际情况设定好师生比,保证好运营效益和教学质量这两条培训机构的生命线。

1. 对天津市跆拳道培训机构场地器材的现状调查

(1)对场地器材现状的调查

表 5－2　　跆拳道教学场地面积的调查(N＝42)

场地面积	数量	百分比
80m^2 以下	16	38.1%
81～120m^2	10	23.8%
121～160m^2	7	16.7%
160m^2 以上	4	9.5%
使用其他项目场地	5	11.9%

跆拳道场地器材是完成跆拳道教学的必要条件,好的教学条件,除对教学效果有促进作用外,最重要的是教学和训练更加安全。本研究通过对 7 家培训机构的共计 42 个独立培训场所的场地、器材情况进行调查发现:跆拳道培训业在经营过程中需配备相应的训练设施,这些训练设施包括专业垫子、护具、沙包、脚靶、训练镜子、国旗等直接和间接训练器材,来构成训练环境和器材,从市场经营和投资的角度来看,跆拳道培训机构的设备器材投资较

其他行业相比较低。通过对跆拳道教学场地的调查发现，120 平方米以下的场地占据了全部场地的六成，这其中 80 平方米以下的场地有 16 个，占3/5，说明跆拳道培训机构教学场地随着场地租金、合理化投资、个性化教学、消防法规等因素的影响，正在趋向小而精的个性化与私教方向发展，颠覆了人们对于传统武道训练场地大、宽敞、演练方便的印象。市场需求和现实条件的约束形成了小班授课、精细化发展的跆拳道培训新趋势。

表 5－3　跆拳道脚靶数量的调查(N＝42)

护具	数量	百分比
10 个以下	4	9.5%
10～20 个	18	42.9%
20 个以上	20	47.6%
学员自备	0	0%

通过对跆拳道脚靶器材的调查我们从表 5－3 中可以看出，脚靶数量 90%以上都有 10 个以上的脚靶，脚靶这一必备跆拳道训练器材能够充分保障教学使用。有的个别培训机构脚靶数量不多，与其场地面积小、上课人数少、学员年龄小需要教练扶靶进行练习等因素有关，表示完全可以满足教学使用。器材作为保障教学的必要条件，但在教练员的合理设计与安排下是可以完成好训练课，也就是说丰富的器材会为教练员教学提供保障，相反，就要求教练员利用教学的组织、设计来克服器材不足的问题，会给教学增加难度。同时培训机构应该自觉建立器材管理制度，对脚靶、袋包等常用器材落实安全检查，避免由于器材造成运动伤害事故的出现。

表 5—4　跆拳道护具器材数量的调查(N=42)

护具	数量	百分比
10 件以下	9	21.4%
10～20 件	10	23.8%
20 件以上	6	12.3%
学员自备	17	40.5%

通过对跆拳道护具器材的调查我们可以从表 5—4 中看出，由于场地规模的精小化、学员练习水平、教学内容等因素的影响，跆拳道培训机构护具器材的数量也不多。原因有以下三点：第一，培训机构认为不是所有的学员都会训练到需要使用护具这一水平；第二，培训机构教学内容的设定，有一部分家长并不希望在培训机构练习对抗内容，而是选择品势内容，因此护具使用率低；还有一方面，就是随着经济水平的提升，自备护具成为趋势，有 40%以上的机构在实行这种模式。卫生的要求是自购装备的主要因素，也为培训机构减少器材装备数量提供了可能，为产品销售带来商机。

(2)教练员对场地器材满意度的调查

表 5—5　教练员对场地器材满意度的调查(N=89)

满意度	人数	百分比
非常满意	6	6.74%
比较满意	22	24.71%
一般	26	29.21%
不太满意	27	30.33%
很不满意	8	8.98%

从教练员对跆拳道训练场地满意度的调查来看，天津市跆拳道培训机构的场地情况差距较大，近 40%的教练员对场地不满意

或很不满意，说明场地这一重要教学条件会影响到教练员的工作态度，以至影响到教学效果和质量。教练员多数希望训练场地能够得到改善，主要是对于场地面积的要求，希望能够增大。但通过与培训机构负责人对场地问题的交流与调查发现，天津市跆拳道培训业中场地租金成本问题、商业区中适合的规范场地难找等问题是摆在培训机构面前的重要困难，因此，跆拳道培训呈现越来越明显的小班教学趋势特征。

(3)学员对场地器材满意度的调查

表 5－6　学员对场地器材满意度的调查(N＝613)

满意度	人数	百分比
非常满意	26	4.24%
比较满意	153	24.96%
一般	232	37.85%
不太满意	129	21.04%
很不满意	73	11.91%

从学员对跆拳道训练场地满意度的调查来看，调查结果成正态分布，但整体满意度不高。天津市跆拳道培训机构应该引起重视，只有近 30%的学员满意现有的教学场地器材等条件，需要培训机构结合实际合理提升和改善场地、器材条件，加大投资，确保教学质量和自身企业运营。调查发现，培训机构的主要精力放在了营销上，对于器材的维护与更新缺乏重视，尤其是对于新的、有利于教学的器材关注度不够。

2. 对天津市跆拳道培训机构教练员情况的现状调查

根据调查得知天津市培训机构的跆拳道教练员主要来源于体育系统、教育系统、社会培训系统等。出自体育系统的教练员存在重视技术训练、理论知识不系统的特点；出自教育系统跆拳道教练员专业技术水平相比不突出，理论知识和课上组织能力较规范；社会培训系统的教练员缺乏系统的科学化训练，理论知识也不全面，多以经验主义在教学。因此天津市跆拳道培训机构教练员缺乏系统地培训和统一考核认证，来进一步规范和提升教学质量和水平。在对 7 家天津市跆拳道培训机构的 89 名教练员情况进行调查后发现，教练员年龄为 18～45 岁之间，平均年龄 26.6 岁，充分说明天津市培训机构跆拳道教练员呈年轻化，身体条件好，精力充沛，工作具有热情和创新能力，接受知识能力强，但同时缺乏教学和训练经验。其中教练员男性居多，为 62 名，占 69.66%。

(1)对于天津市跆拳道培训机构教练员学历水平的调查研究

跆拳道培训机构教练员在文化知识和专项技能方面能够基本满足学生及家长的要求，但训练内容是否科学、系统有待商榷。通过对天津市跆拳道培训机构教练的调查发现具有硕士学位的教练员仅有 1 人，以本科、专科学历为主，学历水平整体有待提高，其中 58%的教练员没有运动训练、体育教育或教育类专业经历，因此在实际跆拳道教学工作中受文化水平与运动素养的影响，天津市跆拳道培训业教练员多以短期培训和经验传授作为教学方法和能力提升的主要手段。天津市跆拳道培训机构教练员在教学与训练方法的创新能力方面有待进一步提高，这也在很大程度上阻碍了天津市跆拳道培训机构教学和训练水平的发展和提升。

通过对天津市跆拳道培训机构教练员学历的调查发现，教练员整体水平有待提高，社会、行业体协、市场对于教练员资质缺乏监管，未能形成跆拳道教练员准入的考核和监督体系，而且还缺乏统一的评判和考核体系。这导致跆拳道教练员职业入门低、数量大、水平参差不齐，因此跆拳道培训机构出现了教学质量水平千差

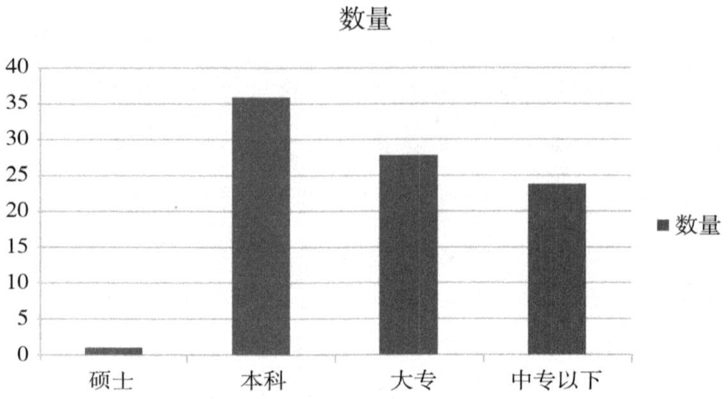

图 5—2　教练员学历水平调查

万别,教学质量不能保证等问题。教练员整体素养与职业素质是影响天津市跆拳道培训服务业发展的重要因素之一。

(2)对于天津市跆拳道培训机构教练员运动技术水平的调查研究

目前我国已经推行跆拳道体育职业资格考试、教练员等级水平考试,但天津市推广实施得不太好,有待进一步推广和普及。为进一步提升天津市跆拳道培训机构教练员水平,天津市体育局、天津市跆拳道协会也进行一些岗位和职业资质的培训,应不断完善和健全这种培训体系。

天津市跆拳道培训机构教练员应该凭借自己的专项运动理论知识和较高的专业运动技术水平,对学员进行政治思想、身体素质、技术、战术、心理、智能、道德品质等方面的设计、教育、培训与引导,进而促使其在运动技能水平方面有所提高。通过对天津市培训机构跆拳道教练员的运动等级的调查发现,教练员自身运动等级的高低会对自身教学效果、技术本体感受、竞赛经验方面有较大影响。

表 5－7 天津市 7 家跆拳道培训机构教练员运动等级调查

运动等级	数量	百分比
国际健将	0	0％
运动健将	2	2.25％
一级运动员	16	17.98％
二级运动员	38	37.08％
无等级	33	37.08％

从表 5－7 中可以看出，在 7 家天津市具有代表性的跆拳道培训机构中具有运动健将水平和等级的只有 2 人，占调查教练员的 2.25％，具有一级运动员等级证书的教练员为 16 人，占调查教练员总数的 17.98％，具有二级运动员等级证书的教练员最多为 38 人，占调查教练员总数的 42.69％，无等级教练员为 33 人，占 37.08％。从调查数据可以看出有六成以上的教练员具有运动员等级证书，具有专项运动经历和水平，同时有近 40％的教练员无运动等级，我们不能说这些教练员的运动技术水平就差，但是作为教练员，运动经历和技术等级是最为直接的技术水平表现形式。运动等级水平不能完全说明教学水平和能力，同时应该有其他的因素或标准来介入表明教练员具有教练员资质和资格，并能代表其水平等级。这就要求相关主管部门行使职能部门的权力做好教练员准入资格的认定与评价，为天津市跆拳道培训机构教练员的职业准入提出要求。这既是对天津市跆拳道培训机构教练员职业资格的尊重和规范，也是对消费者权益的维护和对跆拳道产业健康发展的维护。

对跆拳道培训机构教练员的准入资格和制度进行规范和管理，对于跆拳道服务产业健康发展是具有积极作用的。我们可以参考器械健身教练员、教师资格考试的准入标准来制定跆拳道培训机构教练员的标准，应该考虑到教练员的运动经历、段位水平、理论知识、职业素养、实操能力等各项因素。当教练员学力水平与专业等级都较低时，其教学培训内容的质量就会受到质疑，在天津市跆拳道培训业中存在这种情况。这需要相关主管部门进行监管，做到对消费者负责、对产业发展负责。

(3)对于天津市跆拳道培训机构教练员执教年限的调查研究

跆拳道培训机构教练员执教年限受事业热爱、经济收入、其他因素的影响，通常跆拳道培训机构教练员的职教年限不长，作为一项长期(7 年以上)的工作从事的人员很少，但从调查数据的实际来看，随着跆拳道产业的不断发展、壮大，从业人员的数量和年限会逐渐增多和不断延长，最后成为一项永久性工作。

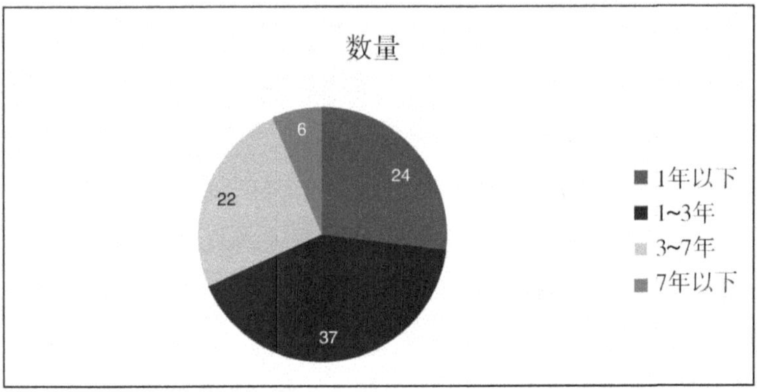

图 5—3　天津市跆拳道培训机构教练员职教年限调查

通过图 5—3 我们可以看到，天津市跆拳道培训机构的教练员整体教学工作时间不长，近 70%集中在 3 年以下，这与工资待遇、个人规划、社会保障等因素有关。这说明天津市跆拳道培训业教练员流动性相对较大，工作随意性较强，缺乏事业感和职业素养。还反映出对于培训机构教练员的准入缺乏管理机制，没有准入要求，随意性增强。同时培训机构的教练员工资福利待遇难以达到教练员满意，是影响执教年限的主要原因。

(4)教练员进修培训情况调查

进修培训是针对跆拳道运动的竞赛规则以及竞赛时的判罚尺度变化和调整的信息的及时掌握、对现实规则下技战术打法的了解、教学方法和训练手段以及新的教学理念的跟进，是对教练员教学和训练水平和业务能力提升的关键。对 7 家培训机构的教练员从业以来参加培训情况进行调查发现了一些问题。

表 5—8　天津市 7 家跆拳道培训机构教练员参加培训情况统计(N=89)

次数	无	1 次	2 次	3 次	4 次及以上
人数	7	21	30	22	9
百分比	7.87%	23.60%	33.70%	24.72%	11.11%

通过表 5—8 可以看出，7 家培训机构的教练员中有 7 名教练员没有参加过培训，这与他们入职短有一定关系，也与自身要求和单位负责人有关系；调查的教练员中参加过 4 次及以上培训的也不多，只有 9 人，占 11.11%，天津市培训机构的跆拳道教练员加强培训问题，是当前培训机构应该重视的问题。培训机构对教练员参加培训的重视度不高，缺乏时间、资金等方面的支持。跆拳道竞赛规则的变化、训练方法的学习、行业发展趋势与特征的了解掌握，这些都需要教练员紧跟前沿，通过不断学习提升和完善自身水平与能力。

培训机构应该有计划、有目的对教练员采取分批、分流、分层次的形式进行培训安排，来进一步提升教练员职业能力与素养，进而适应现代培训业的要求，提高专业能力水平。

(5)对教练员专业段位情况的调查

跆拳道段位是一个练习者修炼水平与修炼时间的代表。“黑带就是跆拳道高手、高段位就是高手”,是社会上对于跆拳道段位的粗浅认知。跆拳道段位体现了修炼者系统练习的过程和经历,是对练习者修炼年限、水平、造诣的综合认证和肯定。

表 5—9　天津市 7 家跆拳道培训机构教练员专业段位情况统计(N=89)

段位	无	1 段	2 段	3 段	4 段及以上
人数	4	15	18	27	25
百分比	4.49%	16.85%	20.22%	30.34%	28.09%

通过对天津市 7 家培训机构的教练员现有段位情况进行调查,由表 5—9 可以看出,7 家培训机构的教练员中有 25 名教练员段位在 4 段及以上的高段位,4 段以上共有 5 人,均是培训机构的创始人。通过调查可以看出近 60%的教练员段位在 3 段及以上,说明天津市跆拳道培训业教练员段位水平适中,有 4 名教练员没有段位。

3. 对天津市跆拳道培训机构学员情况的现状调查

本研究对天津市 7 家跆拳道培训机构的学员 6261 人进行了调查与研究,对学员年龄、性别、学习年限、目的等具体信息和情况进行调查,分析出天津市跆拳道产业的服务群体和群体要求,以便更好地满足市场消费需求,积极拓宽和延伸跆拳道培训服务业的经营范围,寻找新的经济增长点。

(1)对 7 家跆拳道培训机构学员年龄结构的调查

天津市 7 家跆拳道培训机构学员共有 6261 人,在培训机构负责人对学员信息情况只做技术和相关性研究,不涉及具体学员信息的前提下,培训机构支持帮助本次调查获得信息。

从天津市 7 家具有代表性的跆拳道培训机构学员年龄情况看,

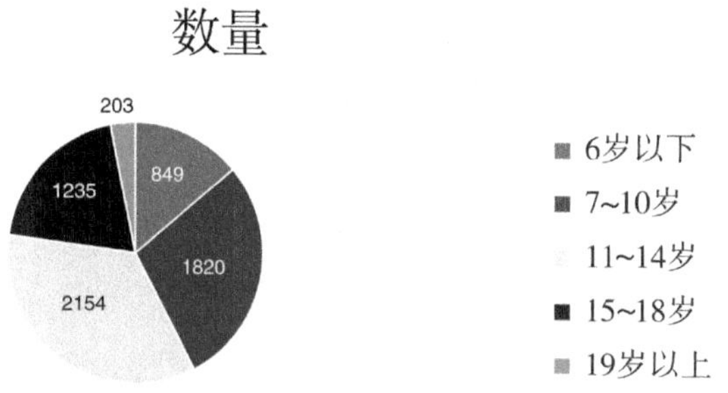

图 5—4　天津市跆拳道培训机构练习者年龄调查

学员年龄集中在 7～14 岁的占调查对象的 63.46%，共有 3974 人，说明天津市跆拳道培训服务业的主要消费群体年龄集中在 7～14 岁，也就是小学阶段的学生练习跆拳道的占练习者的六成左右，成为跆拳道培训业消费的主力军。

随着学习年级的不断增高，学业负担的加重，练习者在逐渐减少。政府部门对于学业减负，增加体育锻炼和积极促进体育产业消费的举措还有待加强。相关部门应该加强引领体育消费，拓宽体育消费市场，增强健康意识，促进体育消费的合理增长。在受调查的跆拳道培训机构学员中，男女生比例无明显区别，每个培训机构的实际情况不同，北辰卓越的女生多于男生，其他培训机构男生数量都略高于女生。说明随着社会经济的不断发展和人们思想观念的改变，跆拳道项目的练习者中无明显的性别差异。

(2)对 7 家跆拳道培训机构部分学员训练年限的调查

跆拳道作为一项格斗对抗项目，其训练内容的广泛，会让练习者坚持很长的时间，乃至成为一种终身练习体育项目。在天津的跆拳道培训市场，学员的训练周期，也就是学员购买服务和消费时间的长短是怎么样的呢？

表 5—10　天津市 7 家跆拳道培训机构学员练习年限统计(N=613)

时间	1 年及以下	1～2 年	2～3 年	3～4 年	4 年以上
人数	152	276	128	43	14
百分比	24.79%	45.02%	20.88%	7.01%	2.28%

通过对天津市跆拳道 7 家培训机构部分学员训练年限的调查发现，跆拳道培训机构的学员学习年限集中在 3 年以内，也可以说跆拳道培训机构学员培训周期在 3 年左右，这对于跆拳道培训机构的消费群体和利益维护提出了要求，要求培训机构做好消费人群的选择和潜在客户的挖掘，以及现有客户的维护，来更好地创造经济价值和社会价值。通过交流发现坚持 4 年以上的学员都有较好的技术水平，对跆拳道运动非常热爱，有参加比赛的要求或已有参加过比赛的经历，并且还有更高的追求，向专业发展考取体育运动学校、高等体育运动学院等。

(3)对 7 家跆拳道培训机构部分学员学习动机的调查

动机是激发和维持有机体的行动，并将使行动导向某一目标的心理倾向或内部驱力。可以理解为是引发人们从事某种行为的力量和念头。当我知道了练习者的练习动机也就知道了消费者的消费需求，知道了消费需求才能提供更好的消费服务。当练习者的动机要求区域个性化并有较高要求时，消费需求就得到了提升。因此培训机构只有掌握了练习者的消费动机才能有的放矢地进行优质服务。

表 5—11　天津市 7 家跆拳道培训机构学员学习动机情况(N=613)

动机	强身健体	防身自卫	爱好兴趣	培养特长	锻炼意志	时尚流行	家长安排
人数	181	153	105	73	10	33	58
百分比	29.53%	24.96%	17.13%	11.91%	1.63%	5.38%	9.46%

通过调查发现跆拳道项目的本质属性强身健体、防身自卫的功效成为大多数练习者的动机，这也说明跆拳道项目的最质朴的自身武道功能仍旧是现代广大跆拳道练习者的主要练习动机。强身健体与防身自卫在动机上有相似之处，因为这与练习者的练习年限，也就是初学者与具有一定练习水平的学员的要求表现不同，因为只有通过强身健体后才能达到防身自卫这一要求，当然也不排除，有些学员参加练习的第一动机就是防身自卫。但不管怎么说，消费者对于跆拳道培训业的消费需求一半以上是因为项目特点和功效。通过调查发现有些学员为了进步会提出购买私教课程，通过私教课程的消费服务来达到提升技术水平的目的。有的学员会提出增加上课次数，培训机构则会对有要求的消费需求给予满足。

4. 天津市 7 家培训机构管理者情况调查与分析

表 5－12　天津市 7 家跆拳道培训机构管理者情况(N＝7)

一级类别	二级类别	三级类别		
学历		专科及以下	本科	研究及以上
	人数	1	4	2
	%	14.29	57.14	28.57
管理年限		1 年及以下	2～4 年	5 年及以上
	人数	0	3	4
	%	0.00	42.86	57.14
年龄		25 岁及以下	26～35 岁	36 岁及以上
	人数	0	4	3
	百分比%	25.00	57.14	42.86

培训机构管理者是该机构发展前途的引路人，经营决策的制订和决定者。通过对管理者的学历、年龄与管理年限进行调查，由表 5－12 可以看出天津市 7 家具有代表性跆拳道培训机构管理者学历结构基本情况为专科 1 人、本科 4 人、研究生学历 2 人。管理者都具有 3 年以上的管理和实践工作经历，年龄均在 35 岁上下，属于年富力强、精力旺盛、学习能力强的最佳创业年龄。而且这 7 名管理者均是培训机构的独立投资人或投资人，也就是说调查的 7 家培训机构管理者都是直接投资方或独立经营者，这为经营管理的决断与执行提供了有利因素。

5. 对天津市跆拳道培训机构经营情况的现状调查

对于跆拳道产业而言，市场是商品和服务价格建立的过程，需求是由于需要而产生的要求，是指消费者购买商品或劳务的欲望和能力，在消费者有支配能力的前提下才能称之为需求。这种需求我们可以叫做有效需求，是能够实现的需要。跆拳道在为学员提供培训服务时的收费标准成为消费需求能否得到满足和实现的关键，同时收费价格的高低也决定着培训机构经营的效益与质量。

(1)对天津市 7 家跆拳培训机构管理方式的调查

现代物流发展的重要标志是实现了连锁化经营管理，在连锁化经营发展下，进一步实现了各种商业活动的规模化、专业化发展，有助于帮助企业获得更多的生产效益。随着社会经济水平的不断进步和发展，连锁式经营方式在餐饮、娱乐、培训等多种行业中都有应用，对于各个行业的发展起到了重要推动作用[①]。跆拳道培训机构的连锁经营方式在发展中解决了跨区域的经营问题，调

---

① 任春燕. 跆拳道俱乐部经营管理与市场开发分析[J]. 经济研究导刊，2017(02)：122－123.

查的7家跆拳道培训机构中有2家是这种经营方式。雇佣经营方式,是指跆拳道培训机构直接招聘跆拳道教练员开展培训教学,这种方式在调查的7家跆拳道培训机构中有5家,这也是天津市跆拳道产业培训业中最为普遍的。

(2)对天津市7家跆拳培训机构收费情况的调查

目前天津市跆拳道培训服务业的收费形式主要以年卡为主,约定训练次数。而根据国家对校外培训机构收费管理的规定以及天津市对于民营教育机构收费标准及要求的相关规定,在提升校外培训质量的同时,不应收取跨度超过三个月的培训费用。这就约束了跆拳道等培训机构的预收费金额量,同时也保障了消费者购买消费服务的资金安全性。

天津市跆拳道培训机构在经营过程中的实际情况如何?我们对单次课的收费调查如下:

表5—13　天津市7家跆拳道培训机构学员单次课收费情况调查

培训机构	最低(元)	最高(元)	单次课时间
滨海鸿飞	45	150	80分钟
武海国际	43	130	90分钟
九段	47	200	90分钟
东昇翼虎	40	180	80分钟
北辰卓越	38	150	90分钟
进德	55	220	75分钟
黑带拳威	45	165	80分钟

天津市跆拳道培训机构单次课时间为75～90分钟,收费由于招生优惠等活动以及集体课与私教课的区别,还有的培训机构推出馆长课等情况,略高于普通课。但整体来看天津市跆拳道培训

服务产业的课程收费与音乐、舞蹈等课程的收费相比明显较低。但单次课的最高收费与其他收费较高的培训项目收费水平相当。天津市跆拳道培训产业应先做足内部功课，从服务质量和培训内容入手，用质量促增长，不搞营销模式的大销售、大流动式学员招收策略，打造和树立天津市跆拳道培训业的精品项目，树立产业发展战略。

跆拳道培训机构在经营过程中收费平均不高，培训机构的地点选择又都是相对比较繁华地段，因此收费较高，据初步调查场地租赁费和教练员与员工工资将占去培训机构总收入的 45～73%不等，当占比越大时经营相对越困难，因为在经营中还有很多运营的费用、不可预测费用、市场维护、突发事件应急费用等，当然这也与经营规模有直接关系。

通过对天津市跆拳道 7 家培训机构负责人的访谈调查，负责人均表示近两年经营效益较好，对目前经营状况很满意或比较满意。同时也表示天津市跆拳道培训业都比较好经营。但我们应该清楚地看到，所调查 7 家培训机构是天津市具有代表性的、经营相对较好的。

(3)对天津市 7 家跆拳培训机构营销方式的调查

表 5－14　天津市 7 家跆拳道培训机构营销情况调查

培训机构	营销人员	方式
滨海鸿飞	雇佣	体验课、优惠、礼品
武海国际	雇佣	体验课、优惠、礼品
九段	雇佣	体验课、优惠、礼品
东昇翼虎	员工	体验课、优惠、礼品
北辰卓越	员工	体验课、优惠、礼品
进德	雇佣	体验课、优惠、礼品
黑带拳威	雇佣	体验课、优惠、礼品

天津市跆拳道培训机构的营销方式都通过免费或低廉的体验课进行会员转化，通过限时优惠活动，在体验课期间越早报名缴费，越多优惠等方法，吸引学员报名，以及报名送礼物的活动来吸引学员报名等，营销方法相对单一。但在营销活动中有5家培训机构，以雇佣销售团队的形式进行营销活动。天津市跆拳道培训机构缺乏营销手段的创新。

6. 培训机构教学现状的调查

教学内容是指教学过程中同师生发生交互作用、服务于教学目的达成的动态生成的素材及信息，是实现教学目标的载体，一般包括课程标准、教材和课程。因此安排好教学内容，对于教学效果的提升、学员身体四肢与技能的提升、技术动作的掌握、训练兴趣的提高都有重要作用。

(1)对教练员教学内容现状的调查

表 5－15　跆拳道教练员教学内容调查(多选，N＝89)

教学内容	人数	百分比
礼仪精神	89	100.00%
技术动作	89	100.00%
品势演练	63	70.78%
实战对抗	51	57.30%
防身自卫	30	33.70%
功力特技	12	13.48%
跆拳道舞	9	10.11%
裁判知识	17	19.10%
跆拳道历史	14	15.73%
其他	6	6.74%

通过对7家跆拳道培训机构的教练员教学内容的调查发现,礼仪和技术是跆拳道教学的必修内容,礼仪的规范和跆拳道技术的培养成为教学内容的基础和重要部分,成为跆拳道培训中的重点内容,也成为家长对跆拳道培训认可的重要内容。在品势和实战方面教练员会根据自身特长进行选取进行,培训机构负责人也表示随着教学内容和生源的不断增多,学员消费需求的变化,教练员也在朝着教学专长和特点鲜明的方向培养和发展,也就是在掌握基本技术教学外会分为品势教练、实战教练、跆舞教练、特技教练等。同时培训机构的教学特点和风格也成为其培训特色和风格。例如北辰卓越的竞技对抗、进德武道的品势等都成为行业公认的培训特色和优势。

(2)对教练员教学目标的调查

表 5－16　跆拳道教练员教学目标调查(多选,N＝89)

教学目标	人数	百分比
增强体质、提高素质	89	100.00%
提高技术水平	89	100.00%
提高实战能力	53	59.55%
提高礼仪精神、个人素养	31	34.83%
培养团结协作、进取精神	24	26.96%
提高防身自卫能力	11	12.36%
其他	3	3.37%

通过调查我们发现教练员的教学目标主要是整体素质的提高和技术动作教学以及水平的提高,我们可以看出这是跆拳道的基本体育功能体现,也是跆拳道的核心基础。但是我们应从表 5－16 中看到教练员对于其他方面的目标要求较少,像精神礼仪方面、团结协作、防身自卫等学生全面发展的思考,需要教练员给予重视和

加强,尤其是思想教育,应时刻牢记"为谁培养人？培养什么人？怎样培养人?"这一教育根本问题。

(3)培训机构教材使用情况的调查

表5－17　天津市7家跆拳道培训机构教材使用情况统计(N＝7)

教材名称	数量	百分比
中国跆拳道协会:跆拳道教程	2	28.57%
人民体育出版社:《跆拳道》教材	2	28.57
中国文献出版社:竞技跆拳道训练	1	14.29
自编教材	2	28.57

从表5－17可以看出,天津市跆拳道培训机构的教材使用存在多样化、随意化的特点,跆拳道教材的选取不像文化课教材的作用那么直接,但好的教材对于教学工作的开展与教练员水平的提高是有很大益处和帮助的。

通过对天津市跆拳道培训机构进行教学目标、内容与教材情况的调查发现,天津市跆拳道培训业在教材使用中存在随意性特点,缺乏统一和优化;教学目标模糊,对于学员的具体目标和教授内容不清楚;教学内容具有随意性特点,连续性不强,教学内容间断时间随意;教学目标缺乏明确和监督。因此天津市跆拳道培训机构应最大限度地发挥培训系统性、深挖跆拳道项目功能,发挥跆拳道全面育人功能。

(4)对教学培训中教学方法的调查

跆拳道教学方法是在跆拳道培训过程中教练员与学生为实现跆拳道教学目标和完成跆拳道教学任务而有计划地采取的、可以产生教与学相互作用的、具有技术性的教学活动的总称。由于跆拳道机构培训运营的特殊性,在其教学方法的选择上,就更体现以学员为主、稳定为主、安全为主的特性要求。在天津市跆拳道培训业教学中，讲解示范法和分解与完整教学法被普遍采用。预防纠错法和比赛法具有跆拳道项目的特性，运用率较高。游戏法、合作教学法等具有创新性的教学方法也被采用，但培训机构应注意和考虑到，教学方法的合理性、受众学生的实际情况和接受水平、创新教学方法的论证、教学内容的特点等因素的合理对接。

表 5—18　跆拳道教练员教学方法的调查（多选，N＝89）

常用教学方法	人数	百分比
讲解示范法	89	100％
游戏法	43	48.31％
比赛法	54	60.67％
预防和纠错法	72	80.89％
分解与完整法	89	100％
合作学习法	19	21.35％
其他	8	8.99％

二、天津市跆拳道用品生产与销售业

体育用品业包括运动鞋、运动服、体育器材、体育设施、计时计分系统等针对不同运动项目的体育器材和用品。中国作为人口大国、体育大国，随着经济水平的不断提升和体育产业的快速发展，也将成为体育用品消费大国。生产跆拳道用品的品牌有“安踏”“耐克”“阿迪达斯”“九日山”“泰山大道”等。但培训业用品和消耗品更需要具有个性化的、自身文化元素较重的定制跆拳道商品。

1. 天津市跆拳道用品生产业的调查研究

体育消费品的生产是社会经济发展到一定水平时消费群体进行体育消费活动时的附带消费产物。体育消费作为一种社会文化消费现象,是社会经济发展到特定历史时期的必然产物。无论任何体育都是具有等级和技术标准的,因此体育消费需求是指特定的消费人群在特定的区域、特定的时间、特定的市场环境和特定的市场推广计划下对某一个特定产品的总体消费需求①。

“工欲善其事,必先利其器。”体育活动中离不开体育用品的消耗与消费,体育用品自然就成了体育消费的一部分,但是区域的体育用品产业发展会受到区域经济环境、体育传统发展、市场营销、生产技术等相关因素的影响较大。

跆拳道用品生产企业为跆拳道的培训服务和竞赛表演提供产品保障和服务,同时也受这两个行业发展的直接影响。跆拳道作为韩国体育文化的舶来品,天津与韩国之间民间经济交流发展迅速,在天津定居和投资的韩国人数以万计,这为跆拳道体育用品业的发展提供了一定的机会和可能。据不完全统计,2018 年天津市跆拳道用品生产型企业 11 家,本研究选取其中 7 家作为研究对象。还有经营性公司 13 家,本研究选取 5 家作为研究对象。因涉及企业经营、经济等相关私密信息,特企业名称用字母代替。

表 5—19 对天津市 7 家跆拳道用品生产型企业 2018 年情况的调查

企业	经营范围	销售渠道	员工数	营业额
TJBLD	服装、彩带	出口、内销	35 人	约 750 万
TZTY	服装	出口	40 人	约 2400 万
THCQ	服装	内销	22 人	约 450 万
GGTY	道鞋	内销	8 人	约 170 万
CZTY	服装、鞋等	内销	12 人	约 600 万
DHTY	护具	出口	25 人	约 1100 万
TQTY	服装、鞋	出口、内销	45 人	约 1400 万

① 耿力中. 体育市场策略与管理[M]. 北京:人民体育出版社,2002.

从天津市7家跆拳道生产型企业的2018年营业额和生产规模来看,天津市跆拳道体育用品业的发展并不太好,与其他体育用品生产相比规模很小。这与天津市作为直辖市的社会经济发展有关,工人工资、厂区费用、交通等各项费用成本都高,对于产品技术水平和经济高附加值并不高的跆拳道体育用品生产企业来说竞争力就相对要弱。据有关企业领导表示在考虑1～2年内迁厂到河北省保定、廊坊。因为用工成本、资源成本、交通运输成本、原材料采购成本都会降低。这样既可以缓解企业资金和运营成本压力,也可形成新的企业竞争优势。跆拳道用品业中的服装、道鞋、传统护具、脚靶、垫子的科技含量、技术水平要求都不高,属于用工集约型产业,准入标准低,所以附加产值就低。

(1)对天津市跆拳道生产企业注册商标的调查

表5—20 对天津市7家生产型企业产品品牌情况调查

企业	主产品	注册商标数
TJBLD	服装、彩带	2
TZTY	服装	3
THCQ	服装	无
GGTY	道鞋	4
CZTY	服装、鞋等	6
DHTY	护具、头盔	1
TQTY	服装、鞋	3

根据世界知识产权组织官方网站的解释,商标是将某商品或服务标明是某具体个人或企业所生产或提供的商品或者服务的显著标志。商标是一个专门的法律术语,是商品或者服务上所用的标志,主要用于区分你的产品或服务与他人的产品或服务,品牌或

品牌的一部分在有关部门依法注册后，成为“商标”。商标受法律保护，注册者享有专用权。如果不注册商标，根据商标注册申请在先原则，如果自己使用的商标被他人注册成功，自己就变成侵权人，将遭受巨大的损失[①]。

通过对天津市企业产品是否注册商标的调查发现，道鞋生产企业的注册商标数量多，这与技术工艺、款式设计等有直接关系，服装加工类企业相对注册商标少，而且有一家企业没有自己的注册商标，完全以服务国内产品加工和个性化定制产品加工的方式运营。这体现了跆拳道服装类企业生产和运营的单一性，明显缺乏对其他文化产品的开发设计。

(2)对生产企业销售方式的调查

表 5－21　对天津市 7 家生产型企业销售方式的调查(多选)

销售方式	企业数量	销售人员
直销	1	2 人
代理销售	2	2～3 人
电话销售	1	3 人
渠道销售	4	2～3 人
网络销售	7	2～6 人

从天津市 7 家跆拳道生产型企业的销售方式看，主要是渠道和网络销售的方式，这也是天津市跆拳道生产企业的主要销售方式，也符合现代生产企业的实际。有 3 家企业采用网络销售、渠道销售、代理销售等 3 种以上的销售方式，其他 3 家企业的销售方式都是常用的“网络销售＋”的模式进行。在销售人员的统计上看，负

① 唐晓倩. 商标无小事，发展需重视[J]. 中华商标，2019(1)：59－60.

责销售的人员最少的2人,最多为6人,占企业员工数的5.3%~12%不等,与其业务量和产品量有直接关系。

(3)对于生产产品内容与能力的调查

天津市7家跆拳道生产型企业除了主要产品外,生产能力所涉及的产品范围并不大,附加值高的产品、科技含量高的产品相对较少。

表5—22 对天津市7家生产型企业产品品牌情况调查

企业	产品
TJBLD	服装、彩带、脚靶
TZTY	服装、道鞋、道带、护具、沙包、文化饰品
THCQ	服装
GGTY	道鞋
CZTY	服装、道鞋、垫子
DHTY	护具、头盔、脚靶、文化饰品、剑道用品
TQTY	服装、运动服、道鞋、护甲、彩带、文化饰品

通过对天津市7家企业生产内容与生产能力看,生产产品内容相似度较高,具有现代科技水平含量的产品少,与现代高水平跆拳道竞赛用品差价较大。现代跆拳道竞技比赛使用电子护具、电子头盔、电子脚套、录像审议系统等竞赛用品在天津市跆拳道生产企业中没有。因此,天津市跆拳道用品生产企业应大胆进行创新探索和科技研发,以适应现在跆拳道竞赛体系的需要。

2019年跆拳道世锦赛电子护具开始使用迄今,"大道""KP&P""胜道""道吧"等一批国际国内电子护具品牌在争夺竞赛和销售市场,跆拳道垫子2016年里约奥运会时由原来的拼接式,改为轻型粘连卷跌式,生产厂家一下子销量猛增。技术研发和改进创新在天津市跆拳道用品生产也中显得相对薄弱，需要投入大量科研力量。投资是创新创业项目孵化的一种形式，是对项目产业化综合体进行资本助推发展的经济活动。加大投资为产业扩大再生产奠定基础。体育产业成长的多个要素中，投资就是将影响天津体育用品产业成长的要素集中体现，来达到产业成长结构和资源的优化。投资对于天津市跆拳道用品生产产业的作用：一是直接作用于产品的投资，使产业规模扩大，进而达到商品生产能力的提升，完成产品对于市场需求的最大化满足，实现产业成长的横向发展，体现出量的变化；二是加大研发投资，技术的更新和创新，可以提高生产力水平。通过技术进步和技术创新进而实现产业升级，实现产业成长的纵向发展，达到产业成长的质变。

2.天津市跆拳道用品销售业的调查研究

有需求就有市场、有市场就有生产、有生产就有销售，生产商会通过直销、分销、批发等不同的销售形式对生产的产品进行销售。天津市跆拳道用品销售行业主要以面向终端客户或与培训机构协议定制产品的形式进行销售，会通过提供个性化服务、薄利多销等手段来维护经营空间与利润。

据不完全统计，目前天津市跆拳道用品销售企业共有13家，分布在天津市各个区县。由于这些企业是经营类企业，加之跆拳道产业的快速发展销售产业竞争愈加激烈，规模和实力较大的培训机构会通过与生产企业的直接合作而忽略销售商，形成个性化的直接专属商品。

表 5—23 对天津市 5 家跆拳道用品销售型企业 2018 年情况的调查

企业	销售渠道	营业额
QHTY	内销	约 300 万
XYCM	内销	约 610 万
MOTOO	内销	约 540 万
DBTY	内销	约 500 万
GSH	内销	约 800 万

通过对天津市 5 家跆拳道用品销售企业进行调查，从企业的销售额来看，销售业绩并不高，与其他销售行业相比差距较大。这与跆拳道产业的第三产业特性有关。跆拳道项目的受众群体多为青少年，而青少年没有经济来源，消费需要由家长支持解决，这是跆拳道用品业销售状况不佳的一个主要原因。需求量的固定，跆拳道用品属于专属用品，需求者为跆拳道练习者，消费群体受限，跆拳道用品具有专属性销售特征。

从调查看这些公司的工作人员也不多，多以 3～5 人为主，天津市跆拳道销售产业的发展不容乐观。在跆拳道产业发展的过程中，发展水平取决于市场需求，因为只有需求不断提高才能带动供给产生良性循环，也就是说市场无需求就不需要供给。其实市场需求包括现实需求和潜在需求两种。现实需求就是人们可以看到的在市场上现实存在的现实购买力的大小，它受消费者数量、消费者经济水平、消费者购买力、消费者文化习惯等方面的因素影响。那么，潜在消费需求就不像现实需求那么直观、明显，它是存在于整体消费人群中间的，是可以发现和引导的消费需求。跆拳道产业要在市场中寻找和发现潜在的消费需求，并转化为现实消费需求，离不开对潜在消费者的引导和转化。通过市场需求带动跆拳道产业发展，需要改变人们的传统消费结构，服务好现实跆拳道消费需求群体，并最大化地将潜在消费需求群体转化为现实消费需求群体。提高跆拳道产业的市场消费群体数量，是扩大和带动跆拳道产业发展的直接手段。

跆拳道市场是跆拳道练习者、参与者购买服务的买方集合，也是由各种跆拳道产品生产企业、跆拳道培训机构经营者、赛事组织方构成的卖方的集合。任何一方单一力量的强大都不能构成发达的跆拳道产业市场。根据马斯洛的层次需求理论，跆拳道是属于较高需求，是心理需求和自我实现需求，属于高层次需求，学员通过训练达到实现个人潜能的充分发挥和自我超越。

三、天津市跆拳道竞赛表演业的发展研究

2018 年 12 月 21 日国务院办公厅印发的《关于加快发展体育竞赛表演产业的指导意见》指出，要发展体育竞赛表演产业对打造经济增长新动能的重要意义。由此可见，体育竞赛表演业的发展对经济增长起到了举足轻重的作用[①]。作为体育产业中最直接、最直观的体育竞赛表演业是通过专业或职业运动员等专门体育人员，利用自身的身体活动和运动技艺，创造和产生具有一定观赏性和娱乐价值的竞赛和表演服务，进而满足社会公众精神文化生活需求的产业活动。它也是体育带给人们最直接的精神享受和人们认识体育的最直接手段。体育竞赛表演服务业是公众认识体育、了解体育的窗口，是体育对外宣传的主阵地。随着国民经济水平的不断提升，人们对于精神生活需求和要求也就会不断增加，体育竞赛表演服务业所提供的服务产品，以其特有的文化元素、运动美感、精神震撼、竞技感染力，征服和吸引着无数体育消费者，并得到

① 张悦，关博. 体育竞赛表演产业与品牌赛事融合发展研究——以吉林省太极拳比赛为例[J]. 中华武术(研究)，2020(03)：82—87.

他们的青睐与支持。同时体育的竞赛或表演也给每一位观众在压力缓解、竞争意识提升、积极向上、情趣建立、陶冶情操等方面进行了健康引导。

天津市2018年共举行各级跆拳道比赛13个,成为历年来举行比赛最多的年份之一。从比赛的具体情况来看天津市跆拳道竞赛业主要体现了体育局办赛、协会办赛的特点,商业比赛也会以协会的名义出现。比赛还体现出关注度低、参与度高的特点,也就是参赛运动员多、家长多,比赛的观众少。

表5—24 天津市2018年跆拳道比赛情况调查

竞赛名称	报名费	参赛人数	主办单位	时间
市锦标赛	无	299	市体育局	5月
市冠军赛	无	350	市体育局	10月
市大众赛	200元/人	900	市跆协	5月
市挑战赛	200元/人	880	市跆协	7月
市总决赛	200元/人	650	市跆协	8月
京津冀邀请赛	300元/人	700	北辰跆协	5月
北辰公开赛	200元/人	450	北辰跆协	5月
滨海公开赛	200元/人	600	滨海跆协	10月
东丽区比赛	200元/人	350	东丽跆协	5月
静海区比赛	200元/人	220	静海跆协	6月
跆星时代	200元/人	520	北辰跆协	5月
大学生比赛	无	330	市教委	11月
中学生比赛	无	557	市教委	11月

从天津市2018年的各级比赛中可以看出,现在跆拳道练习者参赛报名多的并不是体育局、教委组织的不收费的比赛,体育局组织的两次比赛水平最高各级别前两名在参赛人数8人以上的,可申

请一、二级运动员等级资格，但参赛人数很少。这说明天津市跆拳道竞赛的参与者参赛目的并不是一味地获得成绩，寻求高水平比赛提高水平，而是考虑时间、竞赛水平，更大因素取决于培训机构教练的引导和选择。参加天津市跆拳道竞赛的学员参赛热情高，参与欲望明显高于提升竞技水平的要求，据学员一些家长讲：知道体育局举办的比赛不收费，但相对水平高，怕孩子受伤，同时运动员注册问题也是影响参赛的主要问题。

从天津市跆拳道比赛的竞赛时间看，时间相对集中在5～7月，占全部比赛的一半以上，说明气候温度、五一假期等条件成为竞赛时间选择的主要因素。而暑假时间竞赛数量相对较少，广大中小学生都有闲暇时间参与竞赛，但与居家旅游、参加文化补习班、天气炎热有直接关系，所以暑假期间的比赛并不多。

在这13次比赛中只有四次比赛是由体育局、教育系统举办的，从参赛人数上看数量并不多，属于市级比赛中人数少的。由此可以看出，天津市跆拳道培训业的学生在参与竞赛时会选择由市、区协会举办的商业性比赛。举办比赛的竞赛团队相对也比较简单，缺乏专业竞赛团队，裁判员的等级也参差不齐，水平相对较低，对于对抗搏击项目跆拳道来说，缺乏专业安全保障因素。那么如何进一步开发商业竞赛市场，科学、有序地发展天津市跆拳道竞赛业，体育主管部门在放宽体育竞赛审批权限的同时，对于保障竞赛的安保部门、医疗保障、竞赛团队、技术官员等应有明确的监管和约束，来保证竞赛的专业水平和安全性。通过调查发现2018年天津市的部分培训机构前往哈尔滨、大连、山东甚至韩国去参加商业跆拳道比赛，培训机构形成了参赛与文化旅游的融合式发展模式，培训机构管理人员表示参加这种竞赛活动带来的经济与社会效益都挺高，表示愿意有计划地参加竞赛融合模式的活动。

天津市跆拳道产业的整体发展相对薄弱，需要发挥区域经济产业集群、区域经济一体化、可持续发展战略来推进天津市跆拳道产业的发展。天津市跆拳道产业集群的形成有利于促进技术水平的提升与扩散、技术更新与创新，有利于高度集中资源、扩大产业集群的规模效应，区域产业集群的发展直接影响着产业和区域经济的发展。天津市跆拳道产业的集聚现象在产业发展到今天已经有所显现，因此培训业地点的选择应考虑到交通、人流量等因素。所以在天津市市区繁华地段、交通便利的商场等可以看到两家甚至两家以上的跆拳道培训场所同时存在，如西青永旺商场、南开的熙悦汇购物中心就是很好的例子。当几家跆拳道培训机构在距离较近的同一区域出现时，产业集群效应就已悄然形成。对于天津市跆拳道生产型企业而言，应发挥区域经济一体化优势与作用。区域经济一体化是指，在特定区域范围内的或地理特征相似的以及区域内各个经济主体之间，为获取在生产、消费、贸易等领域的利益空间而产生的，不受区域限制的市场一体化过程，其中包括从商品市场、生产要素（劳动力、资本、技术、信息等）市场、服务市场到经济政策及管理的统一。区域经济一体化是产业区域分工的必然结果。分工是经济增长的主要动力，分工有利于提高劳动熟练程度、改进技术和提高劳动生产率。市场经济水平的不断发展，导致分工的不断深化，进而引起交易费用的不断升级，这就需要区域经济一体化的资源配置来提高交易的效率，来促进分工的进一步细化延伸。在这一过程中区域经济一体化形成了科学资源利用和配置，提高了人力资本，促进了技术创新，提高了生产率。随着京津冀一体化发展的不断推进，跆拳道产业发展也呈现出新的态势：一是跆拳道产业经济一体化，跆拳道产业的经济发展正向着一体化、规范化的方向发展；二是跆拳道产业市场一体化，目前在天津市跆拳道产业的发展进程中随意竞争、价格战、培训技术水平差等问题有待进一步减少，通过培训机构自我提升来不断改进和形成天津市跆拳道产业的市场一体化。

跆拳道产业可持续发展战略的基础是政策扶植和技术体系建立，核心是跆拳道产业发展中经济效益、社会效益和人才培养的统一。面对天津市跆拳道产业发展的现状，利用营销手段吸收学员、教练员水平低、跆拳道产品质量差等问题是摆在跆拳道产业从业者面前的现实问题，提高跆拳道从业人员自身素养，打造科学教学体系，梳理天津市跆拳道产业发展模式、实现跆拳道产业的可持续发展是亟待解决的问题。

第三节　天津市跆拳道产业发展的 SWOT 分析

SWOT 是 Strengths(优势)、Weaknesses(劣势)、Opportunities(机遇)、Threats(威胁)的首字母缩拼词。SWOT 分析法是 20 世纪 80 年代由美国海因茨·费里克教授提出，对企业内外部因素进行组合对比分析，根据不同因素组合，对一个企业，乃至一个产业体系进行优势劣势比较，并在不同的组合中，把优势和劣势差异优化到两个极点：达到优势最大化和劣势最小化，从而提升产业的或企业的竞争力。营销的宏观环境也可称之为外部因素，而微观环境也可以称之为内部环境。优势和劣势是组织内的可控因素。机遇和威胁主要是由组织所处的外部环境所决定的，这些因素可能超出了企业或产业所能控制的范围。

图5—5 SWOT分析图

一、天津市跆拳道产业发展的优势分析

1. 区域优势

区域优势是指某一个区域在其经济发展过程中，在自然、经济、技术、管理和社会诸因素中某一项或几项具有的特殊有利条件，这使该区域更具有竞争力，具有更高的资源利用效率。

天津市的历史基础与文化传统形成了其特有的人文优势。伴随着改革开放步伐的深入，天津市在紧追紧赶的节奏中经济水平有了快速提高，“九河下梢天津卫、三道浮桥两道关”的老天津，已经向着现代化经济大都市的目标走来。天津是中国华北和西北以及京津冀地区的重要水路交通枢纽，对外交通发达便利，海运、空运、公路运输取长补短，形成了立体交通体系。交通的便利为商业出口报关、商品运输、进出口买卖、文化交流、旅游等活动的开展提供了快捷的交通条件保障。天津有接受外来优秀文化的传统，天津是篮球传入中国、网球传入中国的登岸地。开放的观念、思想对于作为舶来品的跆拳道运动也是欣然接受。社会经济水平的发展允许居民有体育消费和体育需求的支出能力，消费需求在经济增长中起着重要的拉动和刺激作用，国内消费需求的增长数量与国内生产总值的增量应是等量关系。消费需求在社会经济运行中既可以直接拉动和刺激经济增长，也可能制约到经济增长。这种消费需求对经济发展的双重影响与社会经济水平、供给关系与需求因素有关。

经济增长加快也会带动消费水平的提高和消费结构的升级。消费需求也可以间接拉动经济增长，主要体现在消费水平的提升和消费速度的加快进而拉动投资需求的产生。利用消费可以刺激生产，而劳动再生产的结果只能通过满足消费需求来得以实现，也就是说，消费的最高价值在于提升人们的物质文明和精神文明以及文化素质，从而进一步促进经济增长。

2.尚武文化优势

尚武一词的意思是崇尚武事，指人类在武力冲突中战胜对手所具备的各种精神品质。尚武文化具有树立勇武精神、坚定自强精神、传承民族精神的作用。尚武文化的强国、强身的民族自强精神是民族精神生动、顽强、坚毅的展现，是推动中国走向进步、民族走向振兴的精神文化。

天津是一座文化交融的城市，具有文化包容的特点。天津的尚武文化由来已久，天津的尚武文化以悄然成为天津人的一种品牌、一种精神。天津市的中国式摔跤享誉全国，名家辈出，同时武术运动开展广泛，爱国武术家、精武体育会创始人霍元甲，周恩来总理的武术教练、打败俄国大力士的韩慕侠等。天津市武术名家众多，习武之风由来已久。这为现代奥林匹克项目跆拳道的发展壮大带来文化习惯的认同。尚武文化是天津码头文化的一个延伸和转移，是强健体魄、保家卫国思想的具体体现。有了尚武文化的支撑，现代天津人会以一种积极、刻苦的态度为跆拳道产业的发展尤其是跆拳道培训业的发展提供广大空间。

3. 市场需求优势

跆拳道消费作为一种社会文化消费现象，是社会经济发展到特定历史时期的必然产物。无论任何体育项目都是具有等级和技术标准的，跆拳道消费需求是指特定的消费人群在特定的区域、特定的时间、特定的市场环境和特定的市场推广计划下对某一个特定产品的总体消费需求。市场是商品和服务价格建立的过程。需求是由于需要而产生的要求，是指消费者购买商品或劳务的欲望和能力。在消费者有支配能力的前提下才能称之为需求。这种需求我们可以叫作有效需求，是能够实现的需要。在现实社会中，由于收入差异的原因，需求呈现出了多样性和个性化。随着国民经济水平的普遍提高会出现一种主流需求，这种所谓的主流需求是社会多数需求，与国民经济水平有着紧密的关系。当主流需求发生变动时，社会整体需求结构也会发生变化。市场需求的多层次性决定了产业的多层次性，产业的单一性也决定了市场的单一性。市场需求加速产业成长，对于产业成长具有积极的导向和推动作用。

天津市是一座年轻的城市，具有较强、较大的接受新鲜事物的消费市场。居民经济水平较高，具有较强的经济消费能力。年轻家长对于孩子健康要求和防身自卫需求的渴望，成为跆拳道培训业市场需求发展的优势所在。

二、天津市跆拳道产业发展的劣势分析

1.产业规模劣势

跆拳道产业可持续发展战略的基础是政策扶植和技术体系建立，核心是跆拳道产业发展中经济效益、社会效益和人才培养的统一。我国跆拳道产业发展的现状中，利用营销手段吸收学员、教练员水平低、跆拳道产品质量差等问题，是摆在跆拳道产业从业者面前的现实问题。应提高跆拳道从业人员自身素养，打造科学教学体系，实现跆拳道产业的可持续发展。

从目前天津市跆拳道产业发展的实际情况来看，跆拳道用品生产和销售行业发展规模较小，产业集群效应不明显，整体经济发展水平较其他行业相比附加值不高。产业链形成路径单薄，企业在竞争与合作的选择目标和对象有限。天津市跆拳道培训业较跆拳道用品产业相比发展速度较快，已初具规模。从招生、培训、客户维护、拓展方面都已有一套较为成熟的经营模式，培训机构数量、学员人数较前几年相比增加很多。天津市跆拳道竞赛表演业相对薄弱，体现在竞赛的层次不高、融合办赛较少、安全保障有待加强。

2.运行机制劣势

《辞海》中对于“机制”的解释是“原指机器的构造和动作原理，生物学和医学在研究一种生物的功能(例如光合作用或肌肉收缩)时，常借指其内在工作方式，包括有关生物结构组成部分的相互关系，及其间发生的各种变化过程的物理、化学性质和相互联系。阐明一种生物功能的机制，意味着对它的认识已从现象的描述进到

本质的说明"[①]。随着"机制"一词在自然科学领域的运用,"构造、运行、功能的集合概念成为机制的解释"。在社会学领域,"机制"被解释为"一定机构或组织的机能,以及这个机构或组织与其机能之间的相互作用关系"[②]。

任何产业或组织在运行过程中都需要一种结构性的合力,跆拳道产业也是如此,这种合力的作用是引领和推动、规范跆拳道产业有序、合理的发展。跆拳道产业的合力就是原材料采购－用品生产－市场销售－培训业刺激消费－提出市场需求－企业分析判断－再生产的循环过程。在这过程中会受到培训业市场、竞赛表演业、政府政策等因素的干预,这就需要运行机制发挥在机构运行时的程序处理、规则遵守、管理适当等方面的作用。

目前,天津市跆拳道产业的发展过程中运行机制调动乏力,各子产业之间关联合作较少,没有很好地形成具有产业链、产业集群、产业运转流程的产业发展模式。

3. 人力资本劣势

人力资本在经济学意义上是指劳动力质量范畴,亦称"非物质资本",包括劳动力的知识、技能、健康状况等。其主要特点是它与人身自由紧密联系在一起,不随产品的交易买卖而转移。在知识经济时代,人力资本在一个国家的经济发展中的地位和作用越来越重要。具体地说,人力资本是指存在于人体之中的具有经济价值的知识、技能和体力(健康状况)等质量因素之和。

天津市跆拳道产业的人力资源体现在两方面,跆拳道培训机构的各级管理人才和教练员人才。一个正规跆拳道产业的公司或

① 辞海[M].上海:上海辞书出版社 1999:1511.

② 程勉中.现代大学管理机制[M].北京:人民出版社,2006:64.

企业应具有专业的懂经营、懂管理、懂技术监督的管理人员，教练员也是如此。在目前天津跆拳道培训产业发展过程中，教练员在经营分工中承担着教练、管理、保洁、销售等多重身份，在这多重身份中忽略了最重要的本职身份——教练员。而且对于跆拳道教练员的资质要求管理不到位，使得很多教练员不懂跆拳道专业知识、没有经过专业培训和考核，教练员不只是勉强做几个动作示范，更需要具有较强专项文化知识、理论水平和专业素养。不然，在教学过程中存在危险隐患时，训练质量无法保证，会打击学员和家长的训练兴趣，进而失去市场人群，影响天津市跆拳道产业的发展。

三、天津市跆拳道产业发展的机遇分析

1.加快发展体育产业的政策机遇

国务院办公厅于 2010 年 3 月发布了《关于加快发展体育产业的指导意见》，意见指出，到 2020 年，我国体育产业将形成 2 万亿元的市场规模。13 亿人口的庞大基数预示着整体市场和发展潜力、人均 GDP3000 美元的时代，预示着中国体育产业进入爆发期、人们可以选择更多种的体育运动，也预示着跆拳道运动，这种消费运动，将迎来巨大的发展前景。近年来，天津市体育系统深入推动健身休闲产业发展，加大产业发展扶持力度，体育彩票销售更加安全规范，发展良好。2014 年，国务院发布了《关于加快发展体育产业促进体育消费的若干意见》，确定了 2025 年体育产业总规模超过“5 万亿”的发展目标。2015 年，天津市政府发布了《意见》，要加快体育产业发展促进体育消费。扩大经济内部需求，提高国民经济发展质量，优化产业结构，是“战略性”产业。同时，体育改革和体育产业发展政策措施的针对性、可操作性和支持性也超出预期。体

育文化、休闲卫生、旅游娱乐等政策的有效性已经开始显现。

在全国以及天津市政府大力发展体育产业，促进体育消费的大背景下，加快发展天津市跆拳道产业的契机已经到来，这就要充分利用政策资源优势、合理布局，加大、加快发展天津市跆拳道产业。

2. 经济持续增长背景下的现实机遇

随着我们国家改革开放的不断推进，经济水平不断提高，自 20 世纪 90 年代开始，国内生产市场结构性过剩问题就已经初步显现，尤其是家庭耐用型消费品的消费已经处于饱和状态，产品的发展趋势正朝着技术创新与升级和向电子信息化、数字化生产的方向发展。进入 20 世纪以来，随着我国国民生产总值的不断提高，我国城镇居民生活水平总体上已经达到小康水平。因此，对于精神产品的需求不断加大，精神产品市场也正处于快速成长阶段，市场对于精神产品的需求处于旺盛期。需求的多样化、层次化、个性化要求形成了供给不足的产业格局现状，因此通过进一步调整产业结构现状，加大对于体育培训、健身娱乐、体育旅游、赛事表演等休闲体育产业的发展，对于拉动经济、扩大内需将产生积极的促进作用。

经济增长加快也会带动消费水平的提高和消费结构的升级。消费需求也可以间接拉动经济增长，主要体现在消费水平的提升和消费速度的加快进而拉动投资需求的产生。利用消费可以刺激生产，而劳动再生产的结果只能通过满足消费需求来得以实现，也就是说，消费的最高价值在于提升人们的物质文明和精神文明以及文化素质，从而进一步促进经济增长。同样，经济水平的增长才会有消费的产生和基础。在天津市整体社会经济持续稳步增长的背景下，跆拳道等一批体育产业的消费必将得到进一步增加。

3. 消费结构和观念提升的现实机遇

世界各国的发展经验表明，人均 GDP 达到 1000～3000 美元时，居民消费由温饱向现代消费转变。世界休闲组织预测：人均 GDP 达到 2000 美元，是休闲需求增长的门槛；人均 GDP 达到 3000 美元，度假需求就会普遍产生。我国目前人均 GDP 已经达到 3000 美元。根据其他国家的发展经验，人均 GDP 达到 3000 美元时社会经济生活会出现一些新的特征：经济结构上，三次产业优化升级，服务业将加快发展，经济增长在效益和质量上都会有明显提高；消费结构上，人们更加注重生活质量，消费呈现多样化；社会结构上；生活富裕人群将成为社会主体。目前我国城镇居民不仅具备了休闲旅游消费支出的可能，而且，体育旅游也渗透到人的生活方式中。现阶段我国的工时制度使人们拥有更多的闲暇时间，闲暇时间的增加为健身、娱乐、旅游提供了时间保证。随着家务劳动向社会化发展，家务劳动时间减少，是人们有可能在劳作之余有更多的时间从事体育锻炼，或者陪孩子参加体育锻炼，跆拳道是青少年备受喜爱的一项体育运动，家长的闲暇时间为孩子可以参加跆拳道训练提供了时间上的可能。同时价值观的转变，闲暇生活方式的改变，由传统的闲暇生活方式，访友、做家务等，正逐渐向有内涵价值的社会体育活动转变，由传统的对孩子的吃、喝、穿的物质给予向特色体育健身和专业特长培养转变。

四、天津市跆拳道产业发展的挑战分析

1. 天津市跆拳道同行业差异化竞争

天津是一座文化交融的城市，具有对各种文化包容的城市特

点。在天津的尚武文化中,天津的尚武文化已悄然成为天津人的一种品牌、一种精神。因此,随着天津跆拳道产业市场的不断成熟和发展,激烈的市场竞争已悄然而至。几乎每一个产业领域都有许许多多的企业在共同分食市场份额。于是企业便开始追求差异化。差异化战略使企业通过多种手段,采取多种方式树立起与竞争对手相区别的形象,主要可以从服务、人员、形象等方面实现差异化。差异化表现在很多方面,而差异化的核心就是构建不同的商业模式。

和其他产业一样,跆拳道产业的快速发展也出现了同行业差异化竞争,在培训业中竞争手段和方式主要通过体验课、续费优惠、介绍新学员奖励、积分返现等;在生产加工经营中竞争体现在成本核算的压低、加工费的降低、利润点的降低等方面。

2.天津市搏击类异业竞争

在天津市这个区域内跆拳道的发展一直以来备受关注,但近几年其他运动项目像散打、拳击、空手道、终极格斗等一批搏击类运动项目发展迅速,开始与跆拳道运动在市场占有、产品销售、学员报名、培训价格等方方面面进行市场份额的争夺。在运动项目的选择上,练习者大多数往往选择了一个项目就不会再去选择另一个项目,这就是使跆拳道产业在发展的过程中应该发挥优势争取市场占有率。

文化的包容性又一次体现在天津市各种搏击类培训的发展都比较好,虽然不如跆拳道产业发展的规模大、人数多,但各自搏击项目的优点和喜爱人群,以及宣传和推广使得与跆拳道产业的竞争加剧不断显现出来。

3. 天津市跆拳道产业技术薄弱

技术进步是支撑产业成长的重要因素，也是产业成长的现实基础。在一个产业中技术进步的速度快慢也决定着这个产业成长速度的快慢。技术进步取决于技术更新和技术创新，而技术更新和创新又能很好地实现和满足市场需求，因为技术就是生产力，技术更新和技术创新以及技术发明都可以转化为生产力水平的提升，进而转化成具体的物质财富。但是这种转化的形成需要建立在一定的产业基础上，因为这种转化是通过产业成长过程中规模的不断扩张和生产能力的提高以及市场需求的不断加大来达到并完成的。技术更新和技术创新又是产业成长的必要支撑，因为如果没有技术更新和技术创新以及技术发明，产业的规模扩张就增加了难度，进而很难引发产业成长过程中的产业升级。表现在：①跆拳道运动装备、器材制造技术薄弱；天津市跆拳道用品生产的企业和公司在产品技术开发和生产上，以及紧跟跆拳道市场变化的步伐上都较慢；同时缺乏在技术更新和创新方面的发展与投入；产品的技术水平提高和技术含量有待进一步加强。②天津市跆拳道教练员技术相对薄弱；通过对天津市跆拳道培训业的调查发现，在教练员技术水平方面，天津市跆拳道教练员的技术能力与专项水平有待进一步提升和加强，教练员技术能力与水平相对薄弱。

第四节 基于SWOT分析的天津市跆拳道产业发展战略构想

一、天津市跆拳道产业发展战略分析

表5—25 天津市跆拳道产业的SWOT分析

跆拳道产业内部因素		跆拳道产业外部因素	
优势(S)	劣势(W)	机遇(O)	威胁(T)
区域优势	产业规模劣势	政策机遇	行业竞争激烈
尚武文化优势	运行机制劣势	经济增长	市场竞争激烈
市场需求优势	人力资本劣势	消费观念提升	技术薄弱

在分析了天津市跆拳道产业发展面临的环境因素基础上，将外部环境因素分别与产业优势、劣势进行组合，天津市跆拳道产业发展战略有四种选择，优势——机遇战略、优势——威胁战略、劣势——机遇战略、劣势——威胁战略。

1. 优势——机遇战略

基于天津市跆拳道产业发展的机遇优势，首先，发展跆拳道产业应把握住天津市经济持续发展以及人们消费观念和生活方式改变；其次，抓住家长培养孩子健康体质的市场需求空前发展的有利时机；再次，充分利用天津市区域文化特点、尚武文化情节，做好宣传，积极争取市场；最后，争取政府和体育主管部门、教育部门的支持，加快推动天津市跆拳道产业的健康发展。

2. 优势——威胁战略

发挥跆拳道项目自身文化优势，深挖文化和育人培养资源，拓宽市场辐射区域和广度，打造特色和知名品牌，培育产业精品，通过实现跆拳道产业的创新发展，来推动市场的多元化和广度，实现跆拳道产品的多样化、细致化、个性化。跆拳道产业如不主动挖掘并发挥自身优势，并不断创新，势必会满足现状，被其他同类或近类搏击运动项目所替代和瓜分市场份额。

3. 劣势——机遇战略

在一个产业的发展阶段，应该很好地掌握住机遇，跆拳道产业更是如此，在市场竞争中弱化劣势，抓住机遇，实施扭转型战略，做好有重点地发展，尽可能扩大和使用好机遇，通过强化企业管理机制，调动从业人员工作积极性和学习能力，以跆拳道培训服务业为重点，带动相关产业有序发展。

4. 劣势——威胁战略

这是一个双重不利因素的组合，所以应该采取防御性战略。在产业发展过程中我们应尽量避免产业自身劣势与外部环境的威胁发生碰撞，在产业发展中应尽量及时有效地掌握市场信息、行业发展动态来弱化产业自身劣势，强化产业自身优势。

二、天津市跆拳道产业发展战略构想

根据以上天津市跆拳道产业发展环境的 SWOT 分析，在全球经济一体化的今天，天津市跆拳道产业发展面临巨大的机遇和挑战。其机遇在于加快发展体育产业的政策、经济持续增长、消费结构和观念提升，这对于天津市跆拳道产业的发展产业资源优化、产业水平提升都具有非常重要的意义。同时也有挑战，天津市跆拳道产业正处于发展阶段，属于新兴的体育产业。面临同行业差异化竞争、搏击类异业竞争、产业技术薄弱等多方面的羁绊，尤其是同行业差异化竞争的无序发展，可能会导致跆拳道产业的竞争乱象，进而会严重扰乱市场。因此，规范天津市跆拳道产业的行业培训和有效管理与监督制约，发挥自身优势打造行业精品，有效利用资源优势，增强抵抗风险的能力，加大市场培养的力度，走精品战略、竞争优势战略、优化升级战略。

1. 精品战略

在天津市跆拳道产业的发展过程中，应准确把握住跆拳道产业的市场定位，制订优质经营战略。形成具有一定影响力的天津市跆拳道产业文化和品牌。在做好市场分析的同时，还应瞄准全国，寻找切入点，打造精品、打造品牌和影响力。浙江龙鹰跆拳道产业就很值得我们学习。龙鹰跆拳道培训是以品势培训为主的培训机构，在全国具有很高的知名度。同时它还涉足影视、教练员培训等，是国内精品跆拳道产业发展的典型范例。

2. 竞争优势战略

产业要发展，竞争是前提，也是发展的原动力。竞争优势是企业在市场上赖以生存和发展的重要因素和关键所在。波特的“钻石理论”认为，生产要素、需求条件、相关产业和支持产业的表现、企业的战略、结构和竞争对手四个要素构成了产业的竞争力，同时竞争力还受“机会”“政府”两个变数的干预。政府在产业竞争力中起到了调节和限制的作用。所以天津市跆拳道产业的发展要充分发挥各级政府职能，积极争取政府、行业主管部门、教育部门等政府职能部门的支持，加快天津市跆拳道产业发展。

3.优化升级战略

跆拳道产业的发展在结构上正逐步走向规模化、合理化。目前跆拳道产业的生产企业、培训企业等都已经逐步在向规模化发展，但与其他产业相比，规模还不够，有待进一步加大和提高。跆拳道产业中的电子化、信息化水平不断提升，跆拳道竞赛中运动员的电子护具、裁判员的无线打分器、电子抽签、跆拳道培训机构的学员上课打卡器，都体现了现代科技成果的广泛运用。因此，进一步加大跆拳道产业结构的优化升级和科技提升，使跆拳道产业得到更好的发展，成为天津市新的经济增长点。

第五节　天津市跆拳道产业的发展模式

天津市在环渤海经济圈中占有重要地位，是我国改革开放的前沿地带，新一轮国际经济秩序调整期带来了巨大的发展机遇和复杂的挑战，天津市面临着迅速调整、优化产业结构的压力，原有的发展模式已经遇到了瓶颈，迫切需要发展“绿色、环保”的现代服务业和高品质、高附加值的产业。天津市跆拳道产业的发展研究应密切结合天津市体育产业发展的战略实施和布局，立足天津、服务天津，为天津市社会经济建设服务。在京津冀协同发展的大背景下，有体育产业区域战略的政策机制保障、抓住天津市的区域资源特点，深挖跆拳道产业经济价值，助推天津市跆拳道产业的蓬勃发展。通过研究得出天津市跆拳道产业的发展模式有以下三种：

一、以教育培训为基础的自主创新发展模式

产业发展的不断进步与提升，其实就是不断进行产业融合进而实现产业分工的内部化，本质上是一种产业演化过程中发展模式的创新。分工是经济增长的主要动力，分工有利于提高劳动熟练程度、改进技术和提高劳动生产率，有利于市场经济水平的不断发展，而产业融合进一步促进了分工的细化和延伸，实现了在产品设计、制度建立、组织管理等方面的创新发展。

天津市跆拳道产业的发展主要依托培训服务业的发展。在培训服务业的发展过程中，培训机构在传承传统培训机构模式的基础上，形成具有自身特点的自主创新发展模式。这种发展模式在调查的几家具有代表性的培训机构中都有体现。与其他产业的融合发展、自身优势的充分发挥和特色形成、客户维护体系、销售模式创新等都成为依托教育培训功能和手段为基础的自主创新发展模式。这种模式体现了培训机构的以教育培训为基础的个性化空间展示，给天津市跆拳道产业的发展提供有力支撑和基础保障。

二、以市场需求为主的加工生产发展模式

企业是产业发展的基础，但天津市跆拳道用品生产企业规模和数量相对少，且没有具有影响力或垄断实力的企业出现。天津市跆拳道用品企业是以市场需求为主的加工生产型企业，缺少自主品牌的企业发展模式和品牌打造，呈现出技术生产力水平偏低、竞争优势不突出的传统加工生产型特点。以市场需求为主的加工生产发展模式在今后的市场竞争中应调整结构布局、科学定位、紧跟科技发展、提升技术能力和水平，转变和发展成为具有自主品

牌、技术含量高的、科技型生产发展模式。

三、"互联网+"的混合发展模式

"互联网+"已经成为21世纪以来最受关注和发展的重要风向标。互联网带给人们快捷与方便,"互联网+"模式在各行各业都有运用与发展,天津市跆拳道产业的发展一样离不开"互联网+"模式的助力,在天津市跆拳道产业的发展中体现出"互联网+"的混合发展模式。混合发展模式是一种综合的发展模式,它结合资源优势、产业基础等有机结合,体现出综合、包容、交叉、互联的综合体功能。依托互联网形成多方面、融合交叉的"互联网+"的混合发展模式。

当前体育市场竞争激烈,在经济全球化发展的进程中,跆拳道产业融合在通过生产要素交叉与渗透、合作与交流、提升与重组的过程中,形成了以市场需求为导向、以顾客导向为中心、以价值延伸为手段的新的跆拳道产业融合发展路径,应不断升级跆拳道产业中体育价值与功能的市场需求满足和开发。

跆拳道产业的融合就是在这种政府对于加快和促进体育消费的政策下与企业或机构对于市场消费不断升级的背景下,跆拳道产业对内深化、细化、个性化、定制化、功能化的服务,对外与相关产业进行融合,与教育、旅游、生产等产业进行对接合作融合,拓宽和延伸跆拳道产业市场服务内容,加大和深挖高级、个性市场消费需求,实现跆拳道产业与相关产业的生产要素的进一步整合。

本章小结:

本章从天津市跆拳道产业的兴起与发展开始,对天津市跆拳道产业的发展现状展开研究,发现天津市跆拳道培训产业发展有多种形式存在，有独立经营、技术合作、场地合作、培训综合体开设课程等。但随着产业发展的不断成熟，跆拳道培训业以独立经营体和连锁形式最为普遍。

本章对天津市跆拳道培训业的场地面积、教练情况、场地器材现状、学员情况、经营情况、教学现状等进行了调查研究。对天津市跆拳道用品生产业和销售业以及竞赛表演业的发展现状进行了研究。跆拳道产业可持续发展战略的基础是政策扶植和技术体系建立，核心是跆拳道产业发展中经济效益、社会效益和人才培养的统一。

通过对天津市跆拳道产业发展的 SWOT 分析发现，天津市跆拳道产业现状具有区域优势、尚武文化优势、市场需求优势；存在产业规模劣势、运行机制劣势、人力资本劣势；当前应把握好加快发展体育产业的政策机遇、经济持续增长背景下的现实机遇；存在同行业差异化竞争、搏击类异业竞争、产业技术薄弱等威胁和挑战。

通过研究得出天津市跆拳道产业的发展模式有以下三种：

1. 以教育培训为基础的自主创新发展模式；

2. 以市场需求为主的加工生产发展模式；

3. “互联网+”的混合发展模式。

第六章　天津市跆拳道产业的主要产业链

随着社会经济发展和科学技术水平的不断提升，以跆拳道文化为核心内容的跆拳道产业孕育而生，正在向着积极推动国民尤其是广大青少年身体素质、振奋和提升精神、礼仪、爱国主义等文化内涵教育功能的绿色朝阳产业发展。因此，体育产业作为一种产业、一类经济活动的集合，其内涵具有动态性特点。体育产业的产生是在体育活动过程中对于体育产品和功能的不断需求，进而随着社会不断发展进步及人们对物质文化生活的需求提高而产生和发展起来的[①]。体育产业的产品可以是物质的也可以是文化精神的，因此体育产业中的产业形式具有动态性，是随着社会经济水平的提高、人们物质生活的不断发展、参与者的个性化要求、技术水平进步而逐渐发展演进的。体育产业作为一种产业，在我国体育产业市场经济运行中的相当一部分范畴还没有被开发。因此，应不断完善体育产业结构和业态，不断完善体育产业链，不断完善我国市场经济体育产业理论，为我国体育产业快速发展提供有力支撑，使其成为新的国民经济增长点。

产业供应链组织是指围绕核心企业，通过对信息流、资金流、物流的有效控制，进而从原材料采购开始，制成中间产品以及最终

① 钟敬秋.大连市体育产业发展及布局优化研究[D]辽宁师范大学博士学位论文，2017.

产品，最后由销售网络把产品送到消费者手中的将供应商、制造商、分销商、零售商直到用户连成一个整体的功能网链结构组织。它包含所有加盟的节点企业，从原材料供应开始，经过链中不同企业的制造加工、组装、分销等过程直到最终用户。它不仅是一条连接供应商到用户的物料链、信息链、资金链，更是一条价值增值链①。产业链具有地理区域性，是基于产业中某核心企业，以资本、技术和产品为纽带连接，具有价值增值性质的战略联系链②。因此，产业链应具有区域、地域和空间性特征，具有上下、前后关联关系和不同产业组成，具有价值增值功能，以消费者需求为最终目的的价值链体系。

天津市跆拳道产业链是在产业链理论背景下，所提出的跆拳道及相关产业，基于天津市区域经济发展和跆拳道产业竞争力水平和发展需求，形成的产业上下游之间的依赖关系的具体产业分析框架。

第一节　天津市跆拳道产业的产业链

通过对产业链的综合分析，在分工经济下，经济活动的组织有不同层次的表现。产业链是其中把关注点聚焦于产业层次的一种。产业链是指在一种最终产品的生产过程中——从最初的矿产

① 牛晓凡，王少枋，朱睿倩. 现代产业发展模式研究[M]. 北京：人民出版社，2012.

② 李心芹，李仕明，兰永. 产业结构类型研究[J]. 电子科技大学学报，2004.（4）：60－63.

资源或原材料一直到最终产品到达消费者手中——所包含的各个不同质的产业,按照生产逻辑构成的一个完整链条①。结合跆拳道产业特点,跆拳道产业与旅游产业、文化教育产业等产业具有相似性,同时又相互融合发展,需要消费者具有较高的经济基础做支撑,是一种基于物质条件基础之上而偏向精神需求的选择性需求消费,在此基础上设计并构筑出天津跆拳道产业链。

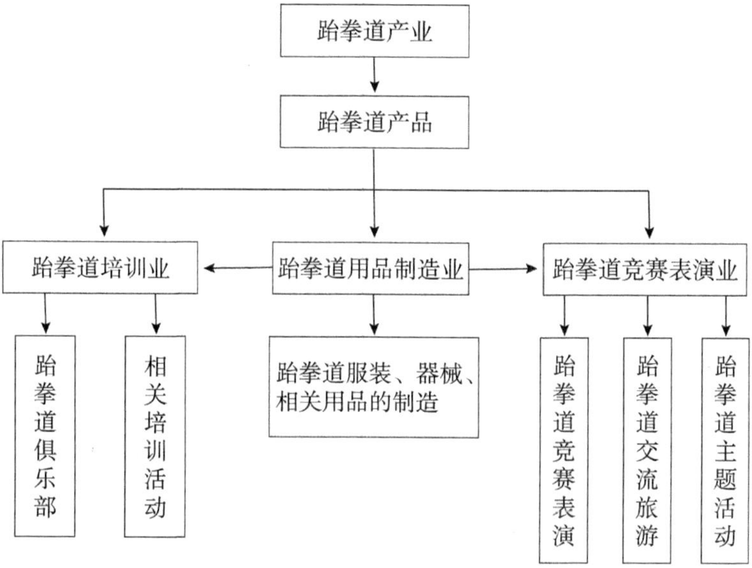

图 6—1　天津市跆拳道产业链

建立更加完善的市场体制,让企业能够在更加公平的环境中参与竞争,使各经济要素在产业间的配置更有效,也使得产业链的整体效益得到提高。对于企业来说,无论是投资生产或是扩大生产规模、技术研发、技术创新,都需要资本投入,需要有稳定的货币

① 郁义鸿.产业链类型与产业链效率基准[J].经济与管理研究,2005(11).25—30.

供应量,确保资金链稳定①。天津市跆拳道产业链的形成,为跆拳道产业的发展提供了协调产业分工、优化产业布局、提高产业价值、提高产业附加值、拓展和延伸产业链等方面具有现实意义和价值。跆拳道产业是基于跆拳道培训业、竞赛表演业、产品制造业而发展起来的,以满足体育市场消费需求的跆拳道培训业为主体,跆拳道竞赛表演是跆拳道产业生产链的缘起,由于跆拳道竞赛表演的出现才催生了相关培训、器材用品生产的发展。跆拳道体育用品及相关产品制造业需要下游服务部门进行销售服务,因此跆拳道用品的销售在培训业、销售商、贸易代理等行业中不断拓展和衍生。跆拳道产业链是基于社会经济发展、社会文化层次提高、政府政策扶持下,以需求为导向、以跆拳道培训业为支柱产业、以跆拳道竞赛表演为核心推动的动态关联式产业链条。

第二节　天津市跆拳道产业主要产业链的形成

一、市场活跃的跆拳道培训业产业链

天津市在当今阶段,很多跆拳道俱乐部逐步由小规模做成连锁,一部分做得好的俱乐部逐渐向品牌化方向发展。通过社会活动、社会公益、品牌展示向社会推广,再向着正规化、集团化、优质化发展。并且在俱乐部教学过程中加入了奖励、抽奖、手工劳动、组织旅游和素质拓展等一系列方式促进产业的发展,形成了培训

① 全诗凡.产业链发展影响因素实证研究[J].未来与发展,2016(02).43—50.

业与多种产业形式的融合发展。通过在天津市内跆拳道培训产业链的规模来看，跆拳道培训业慢慢在趋向全面化，产业链也日渐成熟。跆拳道俱乐部经营者的管理能力、决策能力和市场洞察力决定了俱乐部的生存和发展。通过对天津市跆拳道俱乐部经营者信息的调查，发现多数经营管理者有以前从事该领域经营管理或从事体育学科及其他体育领域工作的经历。

距离居民最近的跆拳道俱乐部是绝大多数人跆拳道的启蒙中心。跆拳道俱乐部也可以说是社区俱乐部，孩子们通常先在大众俱乐部接受培训。跆拳道俱乐部的培训主要是教学，每节课的时间是 70～90 分钟不等，跆拳道俱乐部是培养孩子们对跆拳道的兴趣。跆拳道教练可以使自己的教学内容及准备活动更多样化，丰富课堂内容，但其不失跆拳道的本质，使孩子对跆拳道的兴趣与热爱更好的保持。这些都是为了提高孩子的素质。还有就是对跆拳道感兴趣，让他们觉得原来练跆拳道很有趣，这是许多学生在大众俱乐部的感受。大众俱乐部应该让家长看到孩子在练习跆拳道后的变化。这种变化不仅是技术增长和身体素质上的变化，也是礼仪精神、思维方式、身心健康、骨骼发育等行为上的变化。

天津市跆拳道培训业在激烈竞争中，百花齐放，百家争鸣，形成了以培训业为主体的天津市跆拳道产业模式特征。跆拳道俱乐部数量众多，相对发展基于平稳，说明天津市跆拳道消费市场的潜力巨大以及天津市培训业经营水平较高。

跆拳道培训业的产业链由教练员的教学团队、招生销售团队和学员三部分构成，其中学员是产品和价值附加值的消费产生者，教练员和销售作为运营成本在培训业中存在。当销售招生工作顺利后，需要通过优质教学质量进行服务。使其产生消费和稳定消费的另一个因素是学员维护即客户维护和拓展，对其进行其他潜

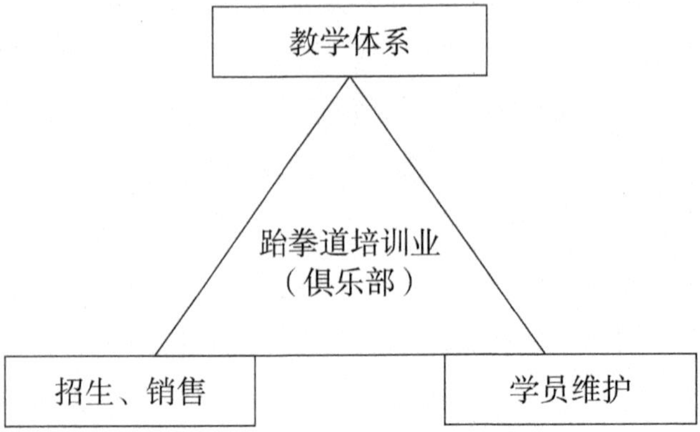

图 6—2 跆拳道培训业产业链

意识消费以及带动其他消费等。在跆拳道培训业中教学质量和水平以及先进教学手段方法的运用是俱乐部的核心技术，招生和维护则起到俱乐部的稳定和提升的作用。天津市跆拳道培训业招生都是聘请专业招生销售团队来进行招生，由俱乐部教练进行消化和对接，成果较好。天津市跆拳道培训业的产业链运行较活跃。

跆拳道培训业在经营活动中，会利用学员人口数量优势深挖资源和利润增长点，培训机构通过对学员服装自主设计和定制加大利润附加值，直接与厂商对接，减少利润流失。对于护具、脚靶等训练器材也是如此。培训机构还通过内部进行交流赛，对外交流学习，通过考级、考段等资质考试以及考前培训等方式获取利润，由此又衍生出新的产业链和价值链。

二、以低端为主的跆拳道用品制造业产业链

从经济附加值上看，跆拳道用品制造业远不如培训业的附加值高，据不完全统计，中国的跆拳道消费市场占据了世界跆拳道市场的 40%以上，是名副其实的跆拳道消费大国。阿迪达斯、耐克等

国外品牌的跆拳道产品，以及MOOTO、CAF、KSD、尚武社等韩国品牌在中国市场已形成规模，而我们国内自己的本土品牌才刚刚起步。品牌是知识产权的有形资产，具有附加价值。随着跆拳道产业化发展进程的不断推进，国内的“泰山”“九日山”“胜道”等品牌的跆拳道用品在国内也有了一席之地。然而在天津市我们还没有属于自己的、具有影响力的自主品牌。从天津市跆拳道用品生产企业的数量和生产产品类型看，天津市的跆拳道用品生产企业在产业中活跃程度不高、规模和影响力相对较小。在天津市跆拳道生产制造业中还有个别企业以产品代工、加工服务为主，属于低附加值的劳动密集型产业，技术水平低、没有产品品牌效应的附加值。

天津市跆拳道用品生产企业应该在产业转型、技术水平更新与创新、产业链拓展与延伸等途径上做文章，来提升跆拳道产业竞争力水平。

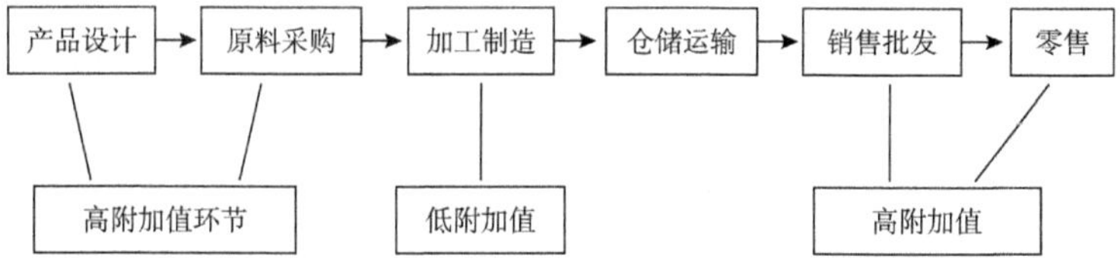

图6—3 跆拳道用品制造业产业链

跆拳道用品生产产业链从产品设计到终端购买完成，产业综合利润相对较高，但作为纯生产型的加工、生产附加值相对低，且竞争较大、企业缺乏核心竞争力。天津市跆拳道用品生产型企业数量少，加之跆拳道一般用品的高科技技术成分不高，因此天津市跆拳道生产业处于低附加值的发展阶段。

天津市跆拳道用品生产业在产品科技含量和技术创新方面欠

缺，天津市的跆拳道用品生产业主要以服装制造、传统护具制造为主，对于电子护具、道鞋等科技和技术工种相对复杂的产品没有生产能力。简单、技术要求水平低的生产竞争力就会大，同时竞争的主要方式就是降低利润点，压低附加值。因此天津跆拳道用品生产企业应加大对于产品设计开发以及原材料采购链的完善力度，进而提升生产工艺水平，降低人工成本，来进一步提升自身运营的利润点。

三、品牌化不足的跆拳道竞赛表演产业链

我们都知道品牌赛事对于经济发展的带动力不可估量。但是打造一个或多个品牌赛事是需要多方面共同努力的结果，赛事的承办、交通、住宿、竞赛、活动等精心策划与实施，主要取决于相关经济保障对于品牌打造的巨大投入。

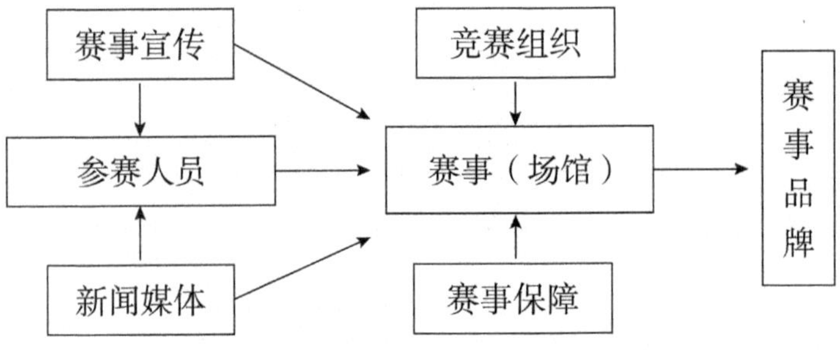

图 6—4　跆拳道竞赛表演业产业链

从 2018 年天津的赛事调查结果可以看出，规模和参赛人群以及承办方都显得力度不足，天津市跆拳道竞赛赛事资源的品牌化明显不足。天津市除了由市体育局主办和教委主办的比赛外大多为市、区协会主办，缺少商业运作和商业资助，对于品牌的建立有

较大难度。一方面我们应该抓住跆拳道项目特征，紧抓竞赛参与群体特点，设计赛事与其他产业融合发展的模式；另一方面，在竞赛表演业赛制和参赛人员上进行筛选和打造，形成具有天津市跆拳道特色的赛事品牌，目前“跆星时代”是天津市从赛事包装和运营都比较成功的跆拳道赛事。同时我们应该学习一下天津武清区国际马拉松比赛这一天津体育赛事成功品牌化的典范。

对于天津市跆拳道竞赛表演的产业链来说，产业链之间联系不通畅，有待进一步开发和疏通渠道。抓住跆拳道运动项目特点和技术特点，设立和打造专业化竞赛品牌是可行的，但需要各环节与部门之间通畅，以及设计、策划、实施和持续打造。天津市经济快速的发展，人民经济水平和生活水平的不断提高，为跆拳道竞赛表演业提供有利条件和机遇。

第三节　天津市跆拳道产业的产业链特点

一、产业链基本构成

通过对天津市跆拳道产业进行研究和调查数据显示，2018 年天津市跆拳道用品生产型企业 11 家，经营性公司 13 家，2018 年天津市跆拳道协会注册的 148 家团体会员单位中 131 家均为独立经营体，其中部分是连锁和加盟形式存在，2018 年一年天津市举行市级、区级跆拳道赛事共 13 个。

这些企业、俱乐部、赛事为跆拳道产业健康、快速的发展起到保障和推动作用，同时也构成了天津市跆拳道产业的产业链，基本形成了以培训业为主体、制造经营业、赛事表演业同时发展的产业模式。

从跆拳道产业的培训业、产品生产加工业以及竞赛表演业的发展来看,都在不断朝着扩大和壮大的方向发展。基础产业链已经初具规模,形成较为健全的产业链和价值链。但跆拳道产业链还有待于随着市场的快速成长而建立、健全、有序。

二、产业链环节薄弱

从总体上看天津市跆拳道产业链相对完整,但产业的重点环节明显发展薄弱。天津市跆拳道用品制造业企业数相对较少,规模以中小型为主,且缺乏大型企业的产业导向作用,产业链条十分薄弱,跆拳道培训业相对发展较快,但对于市场风险承担能力和市场前景规划较不完善。跆拳道赛事表演业发展明显滞后,停留在只办赛、办小赛的层次水平上,缺乏资源配置的合理注入和商业运作,进而打造国际品牌赛事。因此,天津市跆拳道产业链明显存在薄弱环节,天津市跆拳道产业发展水平相对较低。

天津市跆拳道产业的产业链各环节之间有待进一步筑牢,产业链的环节薄弱与产业集群的发展有直接关系。需要市场和产业同步发展,同向同行。

三、培训业运转流程成熟

培训业运转流程在跆拳道俱乐部的运作过程中,支持整个跆拳道俱乐部的运作,取得良好的效果,确保跆拳道俱乐部运作目标和经济效益目标的实现,是一种运作模式和管理方法的总称。具体依据主要包括:管理理念、管理性质、财务支持、组织管理、营销策略、宣传手段、教练员及教学内容等。随着多年来对跆拳道俱乐部现状研究的不断深入，跆拳道掀起了一股全国性的健身热潮，尤其在天津市得到了迅速推广，并赋予了许多时尚的标志。通过调查发现，天津市跆拳道培训业中大部分采用自主经营的模式，区域分散不均匀，管理者相对较年轻，教练员的学历和专业运动水平整体偏低，水平参差不齐，俱乐部的教学硬件配置与教学场地标准缺乏统一。虽然培训产业在营销战略上具有一定的优势和营销手段，但在客户维护和吸纳与延续会员方面缺乏强有力的举措，在产业文化内涵打造和品牌化战略上相对薄弱。通过问卷调查九段国际跆拳道俱乐部，对跆拳道俱乐部的运作进行了相关研究，发现此俱乐部在运作模式上存在一些问题，如培训业经营者缺乏专业培训教育背景，俱乐部与俱乐部之间在教学内容、专业化水平、经营管理、发展方向存等方面差距较大，管理者缺乏对俱乐部更具体的管理操作方案等。跆拳道运动本身技术风格特点简单，文化特色鲜明，家长对于跆拳道专业认知不高，因此俱乐部的学费价格和俱乐部设施成为消费者选择俱乐部的第一参考要素，价格通常是影响交易成败的重要因素，故而导致俱乐部之间的竞争势必会拉开价格战的序幕。收费标准的科学性成为营销组合中最难确定的因素。这就要求企业不仅要考虑成本补偿，还要考虑消费者对价格的认可与接受，使定价策略具有买卖双方双向决策的特点。价格也是营销组合中最灵活的因素，可以对市场做出敏感的反应[①]。

在市场经济条件下，跆拳道俱乐部在天津市体育市场上迅速蔓延，成为一种在市场上出售的商品。由于跆拳道俱乐部的收费价格不统一，有时会造成恶性竞争的局面，营销策略已由价格战转向公关营销。随着教练员的严格选拔，推广体系的规范化，市场竞

① 汪明华. 苏州市大众跆拳道市场营销策略研究[D]. 苏州大学硕士学位论文，2014.

争的日趋激烈，跆拳道培训业市场的产业化和规范化是未来的必然趋势。

影响跆拳道俱乐部定价的因素包括：①跆拳道俱乐部的成本因素、管理人员和教练、产品和服务成本以及跆拳道俱乐部在教练工资、俱乐部训练场地租赁、市场推广、市场拓展、交通和管理等公共关系活动中的支出，使跆拳道俱乐部有必要以适当的价格出售产品和服务，以弥补成本支出，并为跆拳道俱乐部赚取利润和持续发展。②市场需求是定价的外部因素。跆拳道俱乐部的教学课程和俱乐部标志产品不是人们的生活必需品，所以消费者对这些产品的需求是灵活的。跆拳道课程教学并不是俱乐部唯一的品牌推广载体。价格的合理性决定了潜在消费者的需求和购买决策。③诸如情绪和俱乐部品牌吸引力等心理因素也会影响定价。对于那些忠诚的俱乐部消费者，他们可能不太重视学费高低，尽管合理的价格和优惠措施可以进一步增强他们对俱乐部的好感和认可度。

第四节　天津市跆拳道产业的主要成本构成

成本构成亦称成本结构，产品成本中各项费用(例如：人力、原材料、土地、机械设备、信息、交通、技术、能源、资金、管理等)所占的比例或各成本项目占总成本的比重[①]。跆拳道产业主要有跆拳道培训业、跆拳道用品生产经营业、跆拳道竞赛表演业三大主要产业构成。三个子产业中既有独立成本构成因素，也有交叉成本构成内容。

① 焦连合，黄麟英，张祝秀. 大学生创业实务教程[M]. 北京：中国青年出版社，2009.

一、跆拳道培训业的成本构成

1. 场地租赁

在天津市跆拳道培训业中的148家注册跆拳道俱乐部中只有一家俱乐部的一个经营场所是自有私产，属于购买商品房办跆拳道培训，其余均为租赁性质或合租协议，无论是哪种方式，场地费用都成为跆拳道培训业中最大的一笔开支。地段繁华、人流量大、交通便利成为跆拳道培训场所的首选，同样这些因素也会直接把租金提升，带来运营成本的增加。场地的选择会受到消防部门、教育部门对于培训业的规定，面积、楼层、通道等都有明确要求，进而跆拳道培训所需的场地选择就更加困度。

作为跆拳道培训业的场地，其闲置率较高，正常工作日的白天，多数跆拳道培训机构的场地是不经营的，因为跆拳道的大多数学员为在校学生，他们要去学校上课。利用率不高和培训行业的特殊要求，使得跆拳道培训地的租金一直居高不下，成为其成本构成中最大开支。

2. 人员工资

教练员，跆拳道培训业的主体是教练员，好的教练员可以给学员带来学习的兴趣和动力。教练员的工资和待遇是培训业的成本构成。教练员的薪资由底薪和奖金激励构成，有的机构教练员也参加年底分红。教练员在培训机构中有着举足轻重的作用，因此其薪资问题成为跆拳道培训业成本构成的重要成本。

销售员，销售人员的成本，通过与消费者的人际接触，通过劝说、宣传、介绍等方法直接向消费者销售跆拳道产品或服务，在推广跆拳道项目的过程中，可以成立专门的活动策划小组，提高项目的知名度①。业务推广、商务促销，又称促销，是指除促销、广告和关系营销以外的促销方式，以刺激消费者购买和提高分销商的效率。促销还指“经营者为刺激早期需求而采取的能够及时产生激励、促进商品销售的措施”。例如：周年店庆会员卡折扣、老会员介绍新会员优惠、年卡大礼包、特色增值服务等，各种营销方式对消费者都具有较大的吸引力，容易刺激消费欲望的产生并形成购买消费，可以促进消费者购买行为。天津市的跆拳道经营者大多采取产品折扣和优惠的方式，即以优惠的方式消费长期卡，也就是年卡，这通常比月卡等短期卡更优惠。跆拳道俱乐部采用免费试课体验的方式，让具有潜在消费力的练习者进行体验跆拳道课程，感受跆拳道的魅力，增强他们的直观消费感②。另一种常用的方法是赠送礼物，提供额外的礼物以配合销售，例如购买服务赠礼物，如衣服、背包或鞋子等。一些跆拳道俱乐部经营者也采取代金券优惠策略，如对长期学习的人员给予优惠或赠送礼品。上述这些活动都要靠销售人员来完成跆拳道消费的售卖和购买，教练员和销售人员成为培训业人员工资的主要成本构成。

其他人员，培训机构除了教练员和销售外，还有会计、保洁等相应工种的人员，这些人员的开支自然也就成为人员成本。

3. *活动费用*

在营销活动中，由不同的方式来促进消费者和中间商的业务，

① 刘龙柱，方元，徐海峰. 跆拳道运动赛事市场化运作模式的研究[J]. 吉林体育学院学报，2008.

② 杜鹏. 关于我国大众跆拳道市场的相关研究[D]. 河北师范大学硕士学位论文，2012.

直接营销的优势有利于供需信息的沟通，增加双方在营销中的稳定性和安全感，会促进直接经营消费的成功。同时，直销也同样具有不利因素。当产品数量太多，消费者会犹豫不决很难应付，不利于销售目标的实现。由于跆拳道产品和服务的特点，跆拳道市场多采取直接营销的形式。这有利于经营者及时了解消费者需求和意见交流，可以相对直接灵活地做出营销方案及策略。然而，跆拳道培训机构直接受到经营场所可容纳人数的限制，这也对跆拳道俱乐部的规模和硬件配置提出了更高的挑战。目前，天津市大众跆拳道市场开始注重品牌效应，已出现连锁店的运作模式。

4. 器材设备维护费用

跆拳道培训业中的器材设备维护费用也是培训业成本构成的一个方面，在跆拳道培训业中会使用脚靶、护具等消耗性器材，这些器材的定期淘汰和更换费用也成为俱乐部经营成本之一。各种新型的训练器材，随着教学内容和学员水平的提高，练习内容的升级，辅助和直接器材的购置等。现在有部分俱乐部已经从卫生的角度在引导学员使用自己的专属护具，这样既为俱乐部减少成本支出，对学员也卫生，同时还为了俱乐部增加了产品销售。

二、跆拳道用品生产经营业的成本构成

在跆拳道用品生产销售业中，无论是生产还是销售他们都围绕着产品展开。在跆拳道生产经营业中由原材料、人工、相关费用、销售等成本构成。

1. 原材料成本

原材料是生产跆拳道产品的基本原料，它是用于生产过程起

点的产品。生产一件跆拳道用品首先需要原材料,原材料又分为主要材料和辅料,因为一件产品的生产需要多种材料的介入。跆拳道用品的生产质量好坏很大程度上取决于原材料质量和工艺水平,原材料质量与成本高低有直接关系,企业要想赢得利益获得价值增值就需要在原材料价格的成本上下功夫,同时为保证质量和品牌,又必须选择好的原材料来打造品牌文化。

原材料购进的质量、数量和渠道是影响其价格的直接因素,降低原材料成本,就会增加附加值,增加市场竞争力,在节省产品成本的同时,为企业带来更大运营机遇。

2. 人工成本

人工成本亦称劳动成本,指企业在生产经营中由投入劳动力要素所发生的一切费用,包括企业支付给职工的工资性报酬和福利性供给,是企业总成本的组成部分①。一件跆拳道用品从原材料变成产品需要人工制造过程,在这一过程中各环节付出的人工劳动就构成了跆拳道用品生产业的成本,技术水平高的工人,薪酬也就相应高。因为他们生产出的产品质量高,同时成本构成也就高。在天津市跆拳道产品生产和加工企业中,由于多数企业属于人员密集型,因此其人员成本构成就高。

3. 相关费用成本

相关费用是指企业在生产过程中的除主要成本外的附加成本,如厂房、车辆等成本。在企业的正常运营中相关费用成本大部分是可以计算和计划的,但也有一些临时性、突发性的费用成本。

---

① 白洋. 体制转型解决企业人工成本压力[J]. 现代家电,2012.

4. 销售成本

销售成本也称销售费用，是指企业在销售产品或者提供工业性劳务活动中，涉及各项经费。其内容比较宽泛，包括：包装费、运输费、报检费以及展览费，每一项费用的用处不同，因此费用体系存在差异。销售费用是保证企业正常经营的关键性因素，有了资金支持，才能保证销售渠道的畅通。在销售过程中进行适当宣传能够加强消费者对于企业产品的认识，扩大在市场上的影响力，进而提升企业的知名度，达到扩大整体销量的目的①。还包括产品销售时支付给销售人员的佣金，业务部门的办公费用、折旧费、水电费、交通费用、通信费、活动费用等相关费用。

三、跆拳道竞赛表演业的成本构成

1. 场馆租赁

跆拳道竞赛表演业的场馆选择都会考虑地点交通、场馆座位、产地环境等因素，因此满足这些条件的场馆一般价位相对较高，同时场馆的布置、制冷热设备的使用等相关因素都会对场馆的租赁价格带来影响。因此在跆拳道竞赛表演业中场馆的租赁费用是赛事费用成本的组成部分，竞赛场馆也就成为竞赛表演业中的产业成本构成。场馆的租赁成本是跆拳道竞赛表演业中的关键和重要因素，也占据了成本构成的重要比例。

2. 竞赛组织和保障人员

一个赛事的成功举办需要一个优秀竞赛运营团队的赛事设计

① 黄晓美. 企业销售费用管理策略分析［J］. 管理观察，2014(35)：110－111.

与运行,竞赛器材、竞赛时间、参赛人员、安保、工作人员、各部门对接等问题都需要很好地解决。再有就是赛事保障,它在赛事运行过程前、中、后都起到至关重要的作用,卫生、水电、器材、医疗、应急等问题也都需要很好地解决。这两个团队需要专业的竞赛工作人员,他们的工资费用是竞赛表演业的成本组成。由于竞赛的筹备工作、申报、审批、宣传等一系列工作提前开展,就要求赛事组织人员提前到岗,相应费用成本随即产生。

3. 赛事宣传

比赛宣传与沟通是指通过新闻报道及相关社会活动,包括赛事的组织、筹备、运动员、教练员、裁判员、比赛成绩等方面传递相关信息。宣传传播策划的主要途径有:新闻发布会、广告、休闲活动。定价策略是营销组合中非常重要和独特的一部分,通常是影响交易成败的关键因素。在定价过程中,企业不仅要考虑自身的成本和利润,还要考虑消费者对价格的接受程度,并受主要竞争对手的价格策略的影响。同时,还需要与其他营销策略和产品的市场定位相协调①。还有赛事的媒体转播与录播等费用,都是构成赛事运行的成本。媒体影响力大小不同,收费标准也不同,自然影响力大,费用就高。

4. 出场费

出场费是举行具有商业性质的体育赛事、表演等活动时,由赛事主办方按事先约定而付给参赛者或是表演团队或个人的报酬。运动员是以自己的劳动为公众提供具有娱乐、观赏价值的服务。

① 张文军. 经济学视角下的当前中国大学生就业[J]. 经济视角(下),2013.

出场费不断攀升发端于歌星，随着诸多文艺产品在市场的崛起，发展至晚会、电视剧、商业演出、收藏行业，逐渐进入到体育赛事中。

本章小结：

天津市跆拳道产业呈现出市场活跃的跆拳道培训业产业链、以低端为主的跆拳道用品制造业产业链、品牌化不足的跆拳道竞赛表演产业链。

天津市跆拳道产业的产业链特点：1. 产业链基本构成；2. 产业链环节薄弱；3. 培训业运转流程成熟。

跆拳道产业主要有跆拳道培训业、跆拳道用品生产经营业、跆拳道竞赛表演业三大主要产业构成。三个子产业中既有独立成本构成因素，也有交叉成本构成内容。

第七章　天津市跆拳道产业发展影响因素及存在问题

体育产业的发展和其他产业发展一样既有产业自身特性与产业发展的一般性规律，又具有区域经济与区域特性。天津市跆拳道产业发展的过程中既有自身特征作用，也有规律性影响，同时还与区域气候、交通、文化底蕴等自然环境、人文因素环境有关。产业的区域发展受区域经济水平、区域政策、区域产业优势等因素的影响。本章内容依据第三章中的基础理论“钻石”模型理论对跆拳道产业发展一般影响因素进行分析。“钻石模型”理论是由美国哈佛商学院著名的战略管理学家迈克尔·波特提出的。其理论是在对多个国家和多个产业的竞争力进行研究的基础上，揭示某一特定领域、行业，影响产品生产率和生产率增长的各种因素，如信息水平、激励制度、竞争压力、基础设施以及人力资源等，并对这些因素进行归纳梳理，得出产业发展由生产要素、市场需求、相关产业与支柱性产业、企业与企业结构以及同业竞争等主要因素，和政府行为、机遇等两个辅助因素共同作用而形成。其中，生产要素、市场需求、相关产业与支柱性产业、企业与企业结构以及同业竞争几个因素是产业竞争力的主要影响因素，也是构成“钻石模型”的主体框架基础。

第一节　天津市跆拳道产业发展影响因素

1. 生产要素影响因素

生产要素是指进行社会生产经营时所需要的各种社会资源，是维系国民经济运行及市场主体生产经营过程中所必须具备的基本因素。从经济学范畴讲，生产要素包括劳动力、土地、资本、企业家才能四种[①]。同时产业发展还受到资源、设施、技术等相关因素的影响。对天津市跆拳道产业发展中生产因素影响进行分析发现，无论是跆拳道用品生产制造业，还是服务培训业，以及竞赛表演业，都离不开基础的劳动力或相应技术人员，所以人力资源因素成为天津市跆拳道产业生产要素的基础影响因素之一；其次就是资本因素，资本因素是推动企业生产、赛事表演业、服务培训等跆拳道核心产业发展的基础和决定因素；第三是场馆建设水平，不管是服务培训业的教学活动还是跆拳道竞赛表演的举行，都离不开与之规模相适应的场地与体育场馆来组织进行跆拳道教学或竞赛，因此场馆成为跆拳道产业发展的基础因素；第四，技术因素，跆拳道运动是技能主导类的运动项目，无论在培训教学还是竞赛表演都体现了技术水平的高低，所以技术水平成为跆拳道发展生产要素的基础要素。

① 张文军. 经济学视角下的当前中国大学生就业[J]. 经济视角（下），2013.

2. 市场需求影响因素

市场是商品和服务价格建立的过程。需求是由于需要而产生的要求,是指消费者购买商品或劳务的欲望和能力。在市场经济中消费者有支配能力的前提下才能称之为需求。这种需求我们可以叫作有效需求,是能够实现的需要。马斯洛的需求层次理论指出需求具有多层次性,有生理的需求、情感的需求、社会的需求等。在现实社会中,由于收入差异的原因,需求呈现出了多样性和个性化。随着国民经济水平的普遍提高会出现一种主流需求,这种所谓的主流需求与国民经济水平有着紧密的关系。当主流需求发生变动时,社会整体需求结构会发生变化。市场需求的多层次性决定了产业的多层次性,产业的单一性也决定了市场的单一性。市场需求加速产业成长,对于产业成长具有积极的导向和推动作用。市场需求因素是跆拳道产业发展的影响因素。

3. 产业链关系影响因素

一个产业的发展、一个企业的发展不是孤立地发展起来的,它需要上下游的产业链给予配合和合作,所以跆拳道产业中的各种业态都需要在上下游产业链的作用下才得以发展,他们关系密切,互相影响。所以产业链关系是天津市跆拳道产业发展的影响因素。在产业链关系中有以下三种关系:①消费者关系,企业与产品最终消费者的交易主要影响应收账款、库存商品以及预收账款等运营资金项目。因而与消费者的关系从根本上决定了这些营运资金项目的存量和周转率。拥有与消费者良好的关系对于企业营运资金管理效率的提高至关重要;②渠道关系,企业与其渠道经销商的交易影响应收账款、存货、预收账款等运营资金项目;③供应商关系,企业与供应商的交易过程中主要涉及的营运资金项目[①]。

4. 产业结构影响因素

随着“新兴产业”不断成为新的独立部门,产业结构的日趋软化。随着时间在产业中的推移,在经济快速发展的过程中,各种不同产业的发展速度逐渐形成了分化。一些高速增长的产业在国民生产总值的比重不断上升,一些衰退产业的比重则不断趋于下降直至消失。因此,产业结构向着技术创新与知识密集化、产业结构日趋软化的方向发展。特别是在数码信息处理与通信技术爆炸性发展的今天,企业的生产方式、组织形式、技术体系的发展都在发生许多根本性的变化,导致产业进行了新的分工,一批称之为“新兴产业”的独立的产业部门(包括自然资源产业、环境产业和高技术产业)[②],成为产业的未来发展方向。应顺应趋势对产业结构进行调整。产业结构理论发展研究将遵循产业结构的客观演化规律,通过技术创新,利用信息化手段来加速产业结构的高质量发展和结构调整。同时,产业结构优化过程还离不开政府有关政策的调整和产业扶持政策的出台,这些会影响到产业结构变化的供给结构关系和需求结构关系,进而实现产业资源优化配置,形成产业结构的科学化、合理化和高质量发展。

目前,天津市跆拳道产业在发展过程中出现了产业结构发展不均衡和产业结构单一、发展薄弱的问题,这是影响天津市跆拳道发展的基础因素。

① 吴国艳. 营运资金管理——基于产业链关系的视角[J]. 金融经济,2015(18):85－87.

② 陈建勋. 中国新材料产业成长与发展研究[M]. 上海:上海人民出版社,2009.

5. 政府政策影响因素

分工有利于提高劳动熟练程度、改进技术和提高劳动生产率。市场经济水平的不断发展，导致分工的不断深化进而引起交易费用的不断升级，这就需要政策制度的不断创新来提高交易的效率，来促进分工的进一步细化延伸。在这一过程中政策制度起到了至关重要的作用。政府政策影响因素主要体现在政策性决策跆拳道产业发展的影响，国家 46 号文件的出台，教育部门对学生体育测试的比重提升等，都会对跆拳道产业发展带来推动和促进，政府产业政策是驱动跆拳道产业发展的重要影响因素之一。

6. 机会把握影响因素

天津市跆拳道产业发展机遇是紧紧抓住我国体育产业大发展的有利机遇，借力《国务院关于加快发展体育产业促进体育消费的若干意见》的颁布实施。随着国民生活水平的提高，人们对健康状态的要求的迫切、全民健身计划的国家战略性推动、体育赛事承办举办程序的简化和开放、体育产业作为新兴朝阳产业的兴起，都将为跆拳道产业发展提供机遇。机遇是天津市跆拳道产业发展的影响因素。

第二节　天津市跆拳道产业发展存在的问题

通过对天津市跆拳道产业发展的现状进行研究发现，目前天津市跆拳道产业发展过程中还是存在一些问题，在发展中出现的问题是对这个产业与产业结构和区域产业的真实反馈。市场是真实的，竞争是残酷的，问题是要解决的。因为只有发现问题、找到问题，最后解决问题，跆拳道产业在天津市才会健康、有序地发展起来和发展下去。

一、培训服务业中存在的问题

1. 管理体系不完善

在天津市跆拳道培训业中，主要培训经营实体是以跆拳道馆、跆拳道俱乐部的形式存在，它们有的会获得跆拳道文化传播有限公司的营业执照，个别取得了民办非企业培训资格。天津市的跆拳道培训市场相对管理混乱，存在严重的不良竞争。由于产业发展趋势较好，很多行业以外的从业人员也积极参与到跆拳道馆或俱乐部的经营中来，在一定程度上对促进跆拳道运动的发展起到了积极的作用。然而，有个别俱乐部在利益驱动下，逃避资格认证和考试，无证上岗，服务水平低，教学质量低劣导致产业内部的不良竞争。从长远来看，这将对天津市跆拳道运动的健康发展产生非常不利的影响。经济学理论告诉我们，要建设一个高效合理的市场，就需要一个由市场松散无序到市场参与者感受到存在问题的过程，然后自发地逐步建立一个管理体系来维护和管理市场，从而使市场从简单市场化向合法市场化转变。道馆、俱乐部是跆拳道项目与社会的结合体。道馆、俱乐部的正规与否，以及其运作的有效性，决定了社会参与跆拳道运动的积极性，也是跆拳道产业整体形象的重要标志之一。天津市现有跆拳道馆或俱乐部近 200 家，在天津市跆拳道协会注册的只有 148 家，这对于天津市跆拳道培训业的发展是一个积极信号。但是，天津市的跆拳道培训服务业存在专业化和规范化薄弱的问题,相当一部分道馆、俱乐部的行业程序不完善,不利于行业监管;道馆、俱乐部的指导和收费标准不统一,很难统一产品的标准;缺乏体育产业的管理理念和知识,经营规模普遍较小,缺乏经营规划。还有一些俱乐部为节省开支,存在组织结构极不完善,管理混乱等诸多情况。据调查,天津大部分跆拳俱乐部都没有聘用专门的管理人员。教练员兼顾了跆拳俱乐部的招生和接待,职责不明确。只有少数跆拳道馆聘请专业的营销团队进行管理和宣传,教练员负责优化以及新业务的实现和发展。由于缺乏既懂跆拳道又懂管理的人才,俱乐部自身制度就不完善,导致经营效率低。跆拳道培训产业专业管理队伍薄弱,决策管理人员、管理人员、技术人员和专业服务人员短缺。从事体育管理的人员缺乏必要的体育管理专业知识。这些客观上制约了天津跆拳道培训服务的健康发展。目前,天津市跆拳道培训业的发展尚处于发展阶段,需要不断规范化。发展天津市跆拳道培训业,全方位开展天津市跆拳道馆、俱乐部普查工作是当务之急,还要进行资格和规范检查。跆拳道行业迫切需要尽快建立适合天津市的跆拳道俱乐部业务标准,在充分了解跆拳道背景的前提下,实行行业登记和分级管理制度。调动监督部门和执法部门合作执法,这也是跆拳道产业管理力量的一项重要工作。

2. 宣传、营销手段落后

现在我们已经进入信息跨屏时代,如何利用新媒体技术已经成为跆拳道俱乐部品牌推广和发展壮大的决定性因素。因为跆拳道俱乐部属于教育培训业。目前天津市一些跆拳俱乐部的从业年限大多有 10 年,在技术教学方面有经验,但几乎没有任何与营销管理相关的学术背景或经验。实验表明,在招生过程中主要采用传统的传单或相关的地面推广活动，只有20个俱乐部是通过第三方宣传、公众评论和百度开发发布的，有35个微信公众平台进行品牌推广。几乎所有的俱乐部都在俱乐部外面挂了个牌子作为"字号"了事，宣传和销售手段过于落后。

3. 教练员整体水平偏低

天津市跆拳俱乐部教练员分为两种，一种是专职跆拳道教练员，另一种是兼职跆拳道教练员。在天津市跆拳道培训业市场中教练员正由以前的兼职占大多数向着以专职和兼职共同发展的方向前进。优秀教练员的专业教学，可以激发跆拳道爱好者追求更高技术的愿望，使他们能够更好地学习跆拳道，获得更大的兴趣。作为一名合格的跆拳道教练，他要有较高的技术水平。更重要的是，他们应该有丰富的教学能力和教育经验。而据调查，跆拳道俱乐部的教练大多是年轻人，他们中的大多数是刚从体育学院毕业的大学生，或者是体育学院的在校大学生。他们的教学能力一般，工作时间也不稳定，不能保证跆拳道俱乐部的正常教学和训练。因此，教练员的教学水平和稳定性极不利于跆拳道实践者学习跆拳道，特别是教练员的频繁变动会导致部分学员流失，不利于俱乐部的健康发展。而且在学校的大学生培训经验与专业的跆拳道教练员有一定的差距。当然，有的跆拳道教练员，他们虽然专业素质高，但在教学中的理论知识是非常缺乏的。无论是什么项目，在决定钻研它的时候，必须要先从它的理论入手，把理论知识烂熟于心，然后结合实践再进行学习，制定学习目标，设计学习计划，理论联系实际，最后再发现问题、寻找问题、找出问题、解决问题。在教学过程中，将理论转化为实践，这是很好的学习方法，学生可以在动脑的同时结合动手能力，再加上长时间的训练，将技能技术很好地掌握。因此,教练员的专业能力和素质水平都是能否训练出优秀运动员的主导因素,也是跆拳道项目能否在大型比赛中取得优异成绩的重要因素之一。

二、竞赛表演业中的问题

1.缺乏品牌赛事

体育赛事的成功举办,尤其是有影响力的品牌赛事的成功举办是一个城市综合实力的展现,是对外宣传的窗口,而且体育赛事的举办可以带动政治、经济、文化的交流与合作,具有深远的意义和重要的作用。天津市跆拳道赛事数量并不算少,但规模与质量相比品牌赛事有较大差距。天津是2018年举办比赛13次,但规模和影响力很小。如何能够打造天津市的跆拳道竞赛品牌赛事需要系统的设计、资金的保障、政策的支持,需要主管部门和有识之士的积极运作。通过精品跆拳道赛事打造,来推动和促进天津市跆拳道竞赛表演业的发展。

2.赛事的商业资源助力少

产业成长需要多个要素,投资就是将影响产业成长的这些要素集中起来进行重新组合,达到产业成长结构和资源的优化。产业的形成、壮大就是一个资本的积累过程,同时资本的形成也是投资的结果。科学决策投资的数量对于产业成长非常重要,投资数额过少不能有效助推产业成长,同时投资过多会对产业成长造成不利的影响,因此投资量适度才会积极助推产业成长。天津市跆拳道竞赛表演业中的竞赛资金来源主要依靠政府拨款和参赛报名费用,这就使得竞赛在运作、规范、打造品牌等一些高水平要求的附加费被减掉，竞赛就是竞赛，除必要的环节外，一切从简。场馆有没有看台坐席，是否安排救护车和医护人员，是否有转播等，都会根据经费的实际情况酌情处理。赛事明显缺乏商业资金的注入和支撑，来打造规范、精彩的、有影响力的品牌赛事。

3.赛事专业水平低

由于缺乏商业资金的注入，天津市跆拳道竞赛的组织规模和专业水平相对较低，在竞赛环节和竞赛流程以及专业人员等级水平、竞赛器材等级水平、编排水平等赛事运转流程中都处于较低水平。“只求比赛别出事，不向竞赛要水平”是对天津市跆拳道竞赛现状的一个描述。

三、生产经营业中的问题

1.产业规模小、缺乏竞争力

天津市跆拳道用品生产经营业在产业发展过程中，停留于传统技术生产手段、缺乏资金投入。技术更新与创新、产品水平提升与创新、高科技产品生产能力差等问题限制了天津市跆拳道用品生产经营业的发展，规模数量少，具有影响力和生产能力强的企业少，这就使得天津跆拳道生产经营业在跆拳道用品市场竞争中缺乏竞争力。

2.产业链上下游关联路径狭窄

从总体上看天津市跆拳道产业链相对完整，但产业的重点环节明显发展薄弱。天津市跆拳道用品制造业企业数相对较少，规模以中小型为主，且缺乏大型企业的产业导向作用，产业链条十分薄弱,跆拳道培训业相对发展较快,但对于市场风险承担能力和市场前景规划较不完善。跆拳道赛事表演业发展明显滞后,停留在只办赛、办小赛的层次水平上,缺乏资源配置的合理注入和商业运作,打造不了国际品牌赛事。因此,天津市跆拳道产业链明显存在薄弱环节,天津市跆拳道产业发展水平相对较低。

3. 产品科技水平含量低

技术进步是支撑产业成长的重要因素,也是产业成长的现实基础。在一个产业中技术进步的速度快慢也决定着这个产业成长速度的快慢。技术进步取决于技术更新和技术创新,而技术更新和创新又能很好地实现和满足市场需求,因为技术就是生产力,技术更新和技术创新以及技术发明都可以转化为生产力水平的提升,进而转化成具体的物质财富。但是这种转化的形成需要建立在一定的产业基础上,因为这种转化是通过产业成长过程中规模的不断扩张和生产能力的提高以及市场需求的不断加大来达到并完成的。技术更新和技术创新又是产业成长的必要支撑,因为如果没有技术更新和技术创新以及技术发明,产业的规模扩张就增加了难度,进而很难引发产业成长过程中的产业升级。

本章小结:

本章内容依据"钻石"模型理论对跆拳道产业发展一般影响因素进行分析。归纳梳理得出跆拳道产业发展是由生产要素、市场需求、相关产业与支柱性产业、企业与企业结构以及同业竞争等主要因素,和政府行为、机遇等两个辅助因素共同作用而形成的。其中,生产要素、市场需求、相关产业与支柱性产业、企业与企业结构以及同业竞争几个因素是产业竞争力的主要影响因素,也是构成

"钻石模型"的主体框架基础。

目前在天津市跆拳道产业中培训服务业存在管理体系不完善、宣传和营销手段落后、教练员整体水平偏低的问题;竞赛表演存在缺乏品牌赛事、赛事的商业资源助力少、赛事专业水平低等问题;生产经营业中存在产业规模小、缺乏竞争力、产业链上下游关联路径狭窄、产品科技水平含量低等问题。

第八章　天津市跆拳道产业发展的对策研究

一、政府政策扶持，引导跆拳道产业发展

天津市跆拳道产业的发展与壮大，离不开天津市经济环境的改善。所以天津市跆拳道产业发展要紧密结合和依靠天津市政府的政策扶持，结合国家政策性优势，突出政府的主导地位，科学、有序地发展好天津市跆拳道产业。优化天津市跆拳道产业组织结构，加强跆拳道产业创新能力，推动和促进跆拳道基础发展要素协调发展。市场经济水平的不断发展，导致分工的不断深化进而引起交易费用的不断升级，这就需要政策制度的不断创新来提高交易效率，来促进分工的进一步细化延伸。在这一过程中政策制度起到了至关重要的作用。政策影响因素主要体现在跆拳道产业发展的影响，国家 46 号文件的出台，教育部门对学生体育测试的比重提升等，都会对跆拳道产业发展带来推动和促进，政府产业政策是驱动跆拳道产业发展的重要影响因素之一。行业应该发挥政府职能，利用优惠政策，加大对天津市跆拳道产业的扶持力度，建立和健全天津市跆拳道产业体系。

建立天津市区域跆拳道产业协调机制，统一规划产业布局结构，对于不合理、发展困难的产业，进行协调和引领。完善产业结构，扩大产业规模，在市场竞争中做到差异有别、形式多样，达到规

模扩大促增长、效益增长促发展的天津市跆拳道产业发展前景。

二、加大产业开发，延伸跆拳道产业链

在市场经济快速发展的过程中，各种不同产业的发展速度逐渐形成了分化。一些高速增长的产业在国民生产总值的比重不断上升，一些衰退产业的比重则不断趋于下降直至消失。因此，产业结构向着技术创新与知识密集化、产业结构日趋软化的方向发展。特别是在数码信息处理与通信技术爆炸性发展的今天，企业的生产方式、组织形式、技术体系的发展都在发生根本性的变化，导致产业进行了新的分工，一批称之为"新兴产业"的独立产业部门(包括自然资源产业、环境产业和高技术产业)[①]，成为产业的未来发展方向。产业结构理论发展研究将遵循产业结构的客观演化规律，加速产业结构的高质量发展和结构调整。同时，产业结构优化过程还离不开政府的有关政策调整和产业扶持政策的出台，这些会影响产业结构变化的供给结构关系和需求结构关系，进而实现产业资源优化配置，形成产业结构的科学化、合理化和高质量发展。目前，天津市跆拳道产业在发展过程中出现了产业结构发展不均衡和产业结构单一、发展薄弱的问题，影响了天津市跆拳道产业的发展。

从总体上看天津市跆拳道产业链相对完整，但产业的重点环节明显发展薄弱。天津市跆拳道用品制造业企业数相对较少，规模以中小型为主，且缺乏大型企业的产业导向作用，产业链条十分薄弱。跆拳道培训业相对发展较快，但对于市场风险承担能力和市场前景规划较不完善。跆拳道赛事表演业发展明显滞后，停留

---

① 程勉中.现代大学管理机制[M].北京：人民出版社，2006：64.

在只办赛、办小赛的层次水平上，缺乏资源配置的合理注入和商业运作，进而无法打造国际品牌赛事。因此，天津市跆拳道产业链明显存在薄弱环节，天津市跆拳道产业发展水平相对较低。

加强与国内乃至国际同行业产业合作，引进跆拳道项目人才，开发跆拳道服装、护具、脚靶、电子护具、电子脚套、跆拳道垫子等装备和用品，加大技术科研和生产工艺研制开发，是今后的工作重点。此外，还要引资助推竞赛品牌赛事打造，利用天津市自然资源优势，使天津市跆拳道产业逐步产业化、规模化、合理化、效益化，充分发挥跆拳道产业的经济带动作用，服务天津市经济建设。

三、健全管理制度，制定跆拳道培训业评估标准

目前，跆拳道行业专业管理队伍薄弱，决策管理人员、管理人员、技术人员和专业服务人员短缺。从事体育管理的人员缺乏必要的体育管理专业知识。这些客观上制约了天津跆拳道培训服务的健康发展。目前，天津市跆拳道培训业的发展尚处于发展阶段，需要不断规范化。发展天津市跆拳道培训业，全方位开展天津市跆拳道馆、俱乐部普查工作是当务之急，此外还要进行资格和规范检查。跆拳道行业迫切需要尽快建立适合天津市的跆拳道俱乐部业务标准，在充分了解跆拳道背景的前提下，实行行业登记和分级管理制度。调动监督部门和执法部门合作执法，这也是跆拳道产业管理力量的一项重要工作。

由于天津市跆拳道培训业正处于发展阶段，跆拳道培训机构的规模、师资水平、功能参差不齐。天津市乃至全国缺乏统一的、科学的跆拳道培训业评估标准，这就造成培训机构功能、等级、内容随心所欲、杂乱不清，给天津市跆拳道培训带来重大发展隐患。

四、培养专业人才，扩充跆拳道人力资本

当今世界的竞争是人才的竞争，企业竞争归根结底也是人才的竞争，一流人才造就一流企业，一流产业的形成需要更多的一流人才投入到该产业的发展中来。在西方发达国家，传统的师徒制已经发展成现代导师制，成为十分重要的员工培训与开发的工具，实现人力资本的传承①。

加强天津市跆拳道产业相关部门进行教练员、管理人员的业务培训和职业素养与职业道德教育培训。

依托天津本地高等体育院校和综合型大学的跆拳道专业学生培养，培养目标除运动技能外，还应加强人际交流、市场需求、商业常识、服务管理方面的培训，突出培养方向，落实实习实践安排。推动高校就业向市场化、具体化的方向深入，实现校企合作，培养跆拳道综合型人才，加快跆拳道产业市场发展。

五、打造精品赛事，培养跆拳道文化氛围

由于缺乏商业资金的注入，天津市跆拳道竞赛的组织规模和专业水平相对较低，在竞赛环节和竞赛流程上以及专业人员等级水平上、竞赛器材等级水平、编排水平等赛事运转流程中都处于较低水平。

体育赛事的成功举办，尤其是有影响力的品牌赛事的成功举办是一个城市综合实力的展现，是对外宣传的窗口，而且体育赛事的举办可以带动政治、经济、文化的交流与合作，具有深远而重要的作用。应该通过精品跆拳道赛事打造，来推动和促进天津市跆

---

① 王晓丽，刘辉．人力资本增值管理的基本思路与实践策略[J]．商业时代，2010(7)：20.

拳道竞赛表演业的发展。

六、立足于天津市，面向全国的市场开发策略

把握跆拳道产业市场定位，形成天津市态度产业联动机制，采取产业化推进发展，加大宣传和投入，立足服务天津市，面向全中国的市场开发策略。规范和加强天津市培训服务业的管理和提升，引导培训水平和质量的提升，做好天津市场的服务和布局，服务天津市经济建设。跆拳道用品生产经营性企业深挖科技研发和提升产品质量，加大产业规模发展，满足天津市场，辐射全国，加强出口销售和竞争力。打造天津市跆拳道竞赛品牌，吸引全国跆拳道界人的参与和关注，举办不同级的竞赛，服务和满足不同人群的需要。全方位、立体交叉推进和拓展天津跆拳道产业链上下游关系，延伸产业辐射和服务范围，面向全国跆拳道市场。

七、鼓励创新发展，为跆拳道产业提供新动能

创新发展是产业发展的原动力。要以体育科技与体育经济发展紧密结合为目标，积极推动跆拳道产业中的“体育＋互联网”“体育＋大数据”等发展模式创新，鼓励开发以移动互联网技术为支撑的跆拳道产业服务，利用科技信息服务平台搭建科技成果转化的桥梁，支持企业利用互联网采集技术对接跆拳道健身个性化需求。提升场馆预定、健身指导、交流互动、赛事参与、器材装备定制等综合服务水平。鼓励发展多媒体广播电视、网络电视、收集 App 等体育传播新媒体业态，推动跆拳道科技创新成果在更大范围、更深层次流动和转化，提高跆拳道资源共享与服务的能力。充分发挥天津市及周边区域体育高等院校和综合型高等院校人才培养的作用，优化人才结构，重视跆拳道产业创新人才的培养和引进，通过

实施高层次人才创新支持计划完善创新人才队伍建设①②③。

本章小结：

基于前面章节的研究，本章对天津市跆拳道产业发展提出了如下对策：政府政策扶持，引导跆拳道产业发展；加大产业开发，延伸跆拳道产业链；健全管理制度，制定跆拳道培训业评估标准；培养专业人才，扩充跆拳道人力资本；打造精品赛事，培养跆拳道文化氛围；立足天津市，面向全国的市场开发策略；鼓励创新发展，为跆拳道产业提供新动能。

---

① 王立国．东北滑雪产业发展问题研究[D]．东北师范大学大学博士学位论文，2010(9)：29．

② 钟敬秋．大连市体育产业发展及布局优化研究[D]．辽宁师范大学博士学位论文，2017．

③ 陈洪．我国体育科技发展的现状及对策研究[D]．武汉体育学院，2009．

第九章　研究结论

通过对天津市跆拳道产业现状的调查研究与分析，运用SWOT分析天津市跆拳道产业的优势与劣势，发现影响天津市跆拳道产业发展的因素，对天津跆拳道产业的产业链和产业发展模式进行研究，并根据研究结果提出对策。

一、天津市跆拳道产业发展模式

1. 以教育培训为基础的自主创新发展模式

天津市跆拳道产业的发展主要依托培训服务业的发展，在培训服务业的发展过程中，培训机构在传承传统培训机构模式的基础上，形成具有自身特点的自主创新发展模式，这种发展模式在调查的几家具有代表性的培训机构中都有体现，与其他产业的融合发展、自身优势的充分发挥和特色形成、客户维护体系、销售模式创新等都成为依托教育培训功能和手段为基础的自主创新发展模式。这种模式体现了培训机构的以教育培训为基础的个性化空间展示，给天津市跆拳道产业的发展提供有力支撑和基础保障。

2. 以市场需求为主的加工生产发展模式

天津市跆拳道用品企业是以市场需求为主的加工生产型企业，缺少自主品牌的企业发展模式和品牌打造，呈现出技术生产力水平偏低、竞争优势不突出的传统加工生产型特点。以市场需求为主的加工生产发展模式在今后的市场竞争中应调整结构布局、科学定位、紧跟科技发展、提升技术能力和水平，转变和发展成为具有自主品牌、技术含量高的、科技型生产发展模式。

二、“互联网＋”的混合发展模式

天津市跆拳道产业的发展中体现出“互联网＋”的混合发展模式。混合发展模式是一种综合的发展模式，它是资源优势、产业基础等的有机结合，体现出综合、包容、交叉、互联的综合体功能。依托互联网形成多方面、融合交叉的“互联网＋”的混合发展模式。形成了以市场需求为导向、以顾客导向为中心、以价值延伸为手段的新的跆拳道产业融合发展路径，不断升级跆拳道产业中体育价值与功能的市场需求满足和开发。

三、天津市跆拳道产业主要产业链及特点

天津市跆拳道产业发展中产业链的形成标志着跆拳道产业的发展和成熟，天津市跆拳道产业链有三条主要产业链。

1. 市场活跃的跆拳道培训业产业链

天津市在当今阶段，很多跆拳道培训机构逐步由小规模做成连锁，一部分做得好的培训机构逐渐向品牌化方向发展。通过社会活动、社会公益、品牌展示向社会推广，再向着正规化、集团化、优质化发展。并且在培训机构教学过程中加入了奖励、抽奖、手工劳动、组织旅游和素质拓展等一系列方式促进产业的发展，形成了培训业与多种产业形式的融合发展。通过在天津市内跆拳道培训产业链的规模来看，跆拳道培训业慢慢在趋向全面化，产业链也日

渐成熟。跆拳道培训机构经营者的管理能力、决策能力、管理能力和市场洞察力决定了培训机构的生存和发展。通过对天津市跆拳道培训机构经营者信息的调查,发现多数经营管理者有以前从事该领域的经营管理或从事体育学科及其他体育领域工作的经历。

跆拳道培训机构可以让家长看到孩子在练习跆拳道后的变化,这种变化不仅是技术增长和身体素质上的变化,也是礼仪精神、思维方式、身心健康、骨骼发育等行为上的变化。天津市跆拳道培训业在激烈竞争中,百花齐放,百家争鸣,形成了以培训业为主体的天津市跆拳道产业模式特征。跆拳道培训机构数量众多,却依旧发展平稳,说明天津市跆拳道消费市场的潜力巨大和培训业经营水平较高。

2. 以低端为主的跆拳道用品制造业产业链

从经济附加值上看,跆拳道用品制造业远不如培训业的附加值高,据不完全统计,中国的跆拳道消费市场占据了世界跆拳道市场的40%以上,是名副其实的跆拳道消费大国;阿迪达斯、耐克等国外品牌的跆拳道产品,以及MOOTO、CAF、KSD、尚武社等韩国品牌占据主流市场,而我们国内自己的本土品牌才刚刚起步;品牌是知识产权的有形资产,具有附加价值。在天津市我们还没有属于本市的、具有影响力的自主品牌。从天津市跆拳道用品生产企业的数量可以看出产业活跃发展程度和规模情况。在天津市跆拳道生产制造业中,还有企业以产品代工、加工服务为主,属于低附加值的劳动密集型产业,技术水平低,没有产品品牌效应的附加值,应该在产业转型、技术水平更新与创新、产业链拓展与延伸等途径上做文章,来提升跆拳道产业竞争力水平。

3.品牌化不足的跆拳道竞赛表演产业链

我们都知道品牌赛事对于经济发展的带动力不可估量。但是打造一个或多个品牌赛事是需要多方面共同努力的结果，赛事的承办、交通、住宿、竞赛、活动等精心策划与实施，这主要取决于相关经济保障对于品牌打造的巨大投入。在竞赛表演业的赛制和参赛人员上进行筛选和打造，形成具有天津市跆拳道特色的赛事品牌，目前“跆星时代”是天津市从赛事包装和运营都比较成功的跆拳道赛事。

通过调查研究发现天津市跆拳道产业发展具有以下特点：

(1)产业链基本构成

通过对天津市跆拳道产业进行研究和调查数据显示：2018 年天津市跆拳道用品生产型企业 10 家，经营性公司 13 家，2018 年天津市跆拳道协会注册的 148 家团体会员单位中 131 家均为独立经营体，其中部分有连锁和加盟形式存在，2018 年一年天津市举行市级、区级跆拳道赛事共 13 个。这些企业、培训机构、赛事为跆拳道产业健康、快速的发展起到保障和推动作用，同时也构成了天津市跆拳道产业的产业链，基本形成了以培训业为主体、制造经营业、赛事表演业同时发展的产业模式。

(2)产业链环节薄弱

从总体上看天津市跆拳道产业链相对完整，但产业的重点环节明显发展薄弱。天津市跆拳道用品制造业企业数相对较少，规模以中小型为主，且缺乏大型企业的产业导向作用，产业链条十分薄弱，跆拳道培训业相对发展较快，但对于市场风险承担能力和市场前景规划较不完善。跆拳道赛事表演业发展明显滞后，停留在只办赛、办小赛的层次水平上，缺乏资源配置的合理注入和商业运作,进而无法打造国际品牌赛事。因此,天津市跆拳道产业链明显存在薄弱环节,天津市跆拳道产业发展水平相对较低。

(3)培训业运转流程成熟

随着多年来天津市跆拳道培训机构的不断发展和壮大,跆拳道运动已经在天津乃至全国掀起了一股健身热潮,尤其在天津市得到了迅速的推广,并赋予了许多时尚的标志。跆拳道培训产业在营销战略能够更好地吸引公众的需求,具有丰富的文化特色,引起了儿童青少年的关注。学费价格和培训机构设施仍是消费者选择培训机构的首选,在市场经济条件下,跆拳道培训机构在天津市体育市场上迅速蔓延、发展,成为一种在市场上出售的商品。由于跆拳道培训机构的营销策略已由价格战转向公关营销,随着教练员的严格选拔,推广体系的规范化,市场竞争的日趋激烈,跆拳道培训业市场的产业化和规范化成为未来态度培训业的发展趋势。

3.天津市跆拳道产业发展影响因素

依据美国哈佛商学院著名的战略管理学家迈克尔·波特提出的“钻石”模型理论对天津市跆拳道产业发展中的(1)生产要素影响因素;(2)市场需求影响因素;(3)产业链关系影响因素;(4)产业结构影响因素;(5)政府政策影响因素;(6)机会把握影响因素进行研究及分析。

4.天津市跆拳道产业发展存在的问题

通过研究天津市跆拳道产业发展的现状可以发现,目前在天津市跆拳道产业在发展过程中还是存在一些问题。在发展中出现的问题是对这个产业与产业结构和区域产业的真实反馈。市场是真实的,竞争是残酷的,问题是要解决的,因为只有发现问题、找到问题,最后解决问题,跆拳道产业在天津市才会健康、有序地发展起来和发展下去。

(1)培训服务业中存在管理体系不完善、宣传营销手段落后、教练员整体水平偏低的问题

天津市的跆拳道培训市场发展迅速、运行平稳、市场活跃,同时也存在管理相对混乱,严重不良竞争的问题。由于产业发展趋势较好,很多行业以外的从业人员也积极参与到跆拳道馆或培训机构的经营中来,在一定程度上对促进跆拳道运动的发展起到了积极的作用。然而,有个别众多培训机构在利益驱动下,逃避资格认证和考试,无证上岗,服务水平低,教学质量低劣等现象层出不穷,导致产业内部的不良竞争。天津市的跆拳道培训服务业存在专业化和规范化薄弱的问题,存在相当一部分道馆、培训机构行业程序不完善,不利于行业监管。道馆、培训机构的指导和收费标准不统一,很难统一产品的标准。缺乏体育产业的管理理念和知识,经营规模普遍较小,缺乏经营规划。

目前天津市一些跆拳培训机构的从业年限大多有 10 年,在技术教学方面有经验,但几乎没有任何与营销管理相关的学术背景或经验。实验表明,在招生过程中主要采用传统的传单或相关的地面推广活动,只有 20 个培训机构是通过第三方宣传、公众评论和百度开发发布的,有 35 个微信公众平台进行品牌推广。几乎所有的培训机构都在培训机构外面挂了个牌子作为“字号”了事,宣传和销售手段过于落后。

在天津市跆拳道培训业市场中教练员正由以前的兼职占主体向着以专职和兼职共同发展的方向前进。教练员的教学水平和稳定性低,极不利于跆拳道实践者学习跆拳道,特别是教练员的频繁变动,会导致部分学员流失,不利于培训机构的健康发展。而且在

学校的大学生培训经验，与专业的跆拳道教练员有一定的差距，当然，有的跆拳道教练员，他们虽然专业素质高，但在教学中的理论知识是非常缺乏的。因此，教练员的专业能力和素质水平都是能否训练出优秀运动员的主导因素，也是跆拳道项目能否在大型比赛中取得优异成绩的重要决定因素之一。

(2)竞赛表演业中存在缺乏品牌赛事、商业资源助力少、专业水平低的问题

体育赛事的成功举办，尤其是有影响力的品牌赛事的成功举办是一个城市综合实力的展现，是对外宣传的窗口，而且体育赛事的举办可以带动政治、经济、文化的交流与合作，具有深远而重要的作用。天津市跆拳道赛事数量并不算少，但规模与质量相比品牌赛事有较大差距。如何能够打造天津市的跆拳道竞赛品牌赛事需要系统的设计、资金的保障、政策的支持，需要主管部门和有识之士的积极运作。通过精品跆拳道赛事打造，来推动和促进天津市跆拳道竞赛表演业的发展。天津市跆拳道竞赛表演业中的竞赛资金来源主要依靠政府拨款和参赛报名费用，这就使得竞赛在运作、规范、打造品牌等一些高水平要求的附加费用会被减掉，竞赛就是竞赛，除必要的环节外，一切从简。从场馆有没有看台坐席、是否安排救护车和医护人员、是否有转播等都会根据经费的实际情况酌情处理。赛事明显缺乏商业资金的注入和支撑，来打造规范、精彩的、有影响力的品牌赛事。由于缺乏商业资金的注入，天津市跆拳道竞赛的组织规模和专业水平相对较低，在竞赛环节和竞赛流程上以及专业人员等级水平上、竞赛器材等级水平、编排水平等赛事运转流程中都处于较低水平。加强竞赛管理，强化基层教练员专业水平，加大跆拳道裁判员培训力度是天津市跆拳道竞赛表演业抓紧需要解决的问题。

(3)生产经营业中存在产业规模小、缺乏竞争力、产业链上下游关联路径狭窄、产品科技水平含量低的问题

天津市跆拳道用品生产经营业在产业发展过程中,停留于传统技术生产手段。缺乏资金投入、技术更新与创新、产品水平提升与创新、高科技产品生产能力差等问题限制了天津市跆拳道用品生产经营业的发展。规模数量少、具有影响力和生产能力强的企业少,这就使得天津跆拳道生产经营业在跆拳道用品市场竞争中缺乏竞争力。

从总体上看天津市跆拳道产业链相对完整,但产业的重点环节明显发展薄弱。天津市跆拳道用品制造业企业数相对较少,规模以中小型为主,且缺乏大型企业的产业导向作用,产业链条十分薄弱,跆拳道培训业相对发展较快,但对于市场风险承担能力和市场前景规划较不完善。跆拳道赛事表演业发展明显滞后,停留在只办赛、办小赛的层次水平上,缺乏资源配置的合理注入和商业运作,进而打造国际品牌赛事。因此,天津市跆拳道产业链明显存在薄弱环节,天津市跆拳道产业发展水平相对较低。

技术进步是支撑产业成长重要因素,也是产业成长的现实基础。在一个产业中技术进步的速度快慢也决定着这个产业成长速度的快慢。技术进步取决于技术更新和技术创新,而技术更新和创新又能很好地实现和满足市场需求,因为技术就是生产力,技术更新和技术创新以及技术发明都可以转化为生产力水平的提升,进而转化成具体的物质财富。但是这种转化的形成需要建立在一定的产业基础上,因为这种转化是通过产业成长过程中规模的不断扩张和生产能力的提高以及市场需求的不断加大来达到并完成的。技术更新和技术创新又是产业成长的必要支撑,因为如果没有技术更新和技术创新以及技术发明,产业的规模扩张就增加了

难度，进而很难引发产业成长过程中的产业升级。

五、天津市跆拳道产业发展的对策研究

1. 政府政策扶持，引导跆拳道产业发展

天津市跆拳道产业的发展与壮大，离不开天津市经济环境的发展水平。所以天津市跆拳道产业发展要紧密结合和依靠天津市政府的政策扶持结合国家政策性优势，突出政府的主导地位、经济发展的主导战略关键性、科学性特点，科学、有序地发展好天津市跆拳道产业。优化天津市跆拳道产业组织结构、加强跆拳道产业创新能力，推动和促进跆拳道基础发展要素协调发展。政府政策影响因素主要体现在政策性决策跆拳道产业发展的影响，国家 46 号文件的出台，教育部门对学生体育测试的比重提升等，都会对跆拳道产业发展带来推动和促进，政府产业政策是驱动跆拳道产业发展的重要影响因素之一。发挥政府职能、利用优惠政策、加大对天津市跆拳道产业的扶持力度，建立和健全天津市跆拳道产业体系。

2. 加大产业开发，延伸跆拳道产业链

从总体上看天津市跆拳道产业链相对完整，但产业的重点环节明显发展薄弱。天津市跆拳道用品制造业企业数相对较少，规模以中小型为主，且缺乏大型企业的产业导向作用，产业链条十分薄弱，跆拳道培训业相对发展较快，但对于市场风险承担能力和市场前景规划较不完善。跆拳道赛事表演业发展明显滞后，停留在只办赛、办小赛的层次水平上，缺乏资源配置的合理注入和商业运作，进而打造国际品牌赛事。因此，天津市跆拳道产业链明显存在

薄弱环节，天津市跆拳道产业发展水平相对较低。加强与国内乃至国际同行业产业合作，引进跆拳道项目人才，开发跆拳道服装、护具、脚靶、电子护具、电子脚套、跆拳道垫子等装备和用品，加大技术科研和生产工艺研制开发。引资助推竞赛品牌赛事打造，利用天津市自然资源优势，使天津市跆拳道产业逐步产业化、规模化、合理化、效益化，充分发挥跆拳道产业的经济带动作用，服务天津市经济建设。

3. 健全管理制度，制定跆拳道培训业评估标准

由于天津市跆拳道培训业正处于发展阶段，跆拳道培训机构的规模、师资水平、功能参差不齐。天津市乃至全国缺乏统一的、科学的跆拳道培训业评估标准，这就造成培训机构功能、等级、内容随心所欲、杂乱不清，给天津市跆拳道培训带来重大发展隐患。发展天津市跆拳道培训业，全方位开展天津市跆拳道馆、俱乐部普查工作是当务之急，进行资格和规范检查。跆拳道行业迫切需要尽快建立适合天津市的跆拳道俱乐部业务标准，在充分了解跆拳道背景的前提下，实行行业登记和分级管理制度。调动监督部门和执法部门合作执法，这也是跆拳道产业管理力量的一项重要工作。

4. 培养专业人才，扩充跆拳道人力资本

加强天津市跆拳道产业相关部门进行教练员、管理人员的业务培训和职业素养与职业道德教育培训。依托天津本地高等体育院校和综合型大学的跆拳道专业学生培养，培养目标除运动技能外，还应加强对于人际交流、市场需求、商业常识、服务管理。应该突出培养方向，落实实习实践安排；推动高校就业向市场化、具体

化的方向深入;实现校企合作,培养跆拳道综合型人才,加快跆拳道产业市场发展。

5. 打造精品赛事,培养跆拳道文化氛围

体育赛事的成功举办,尤其是有影响力的品牌赛事的成功举办是一个城市综合实力的展现,是对外宣传的窗口,而且体育赛事的举办可以带动政治、经济、文化的交流与合作,具有深远而重要的作用。天津市跆拳道赛事数量并不算少,但规模与质量相比品牌赛事有较大差距。如何能够打造天津市的跆拳道竞赛品牌赛事需要系统的设计、资金的保障、政策的支持,需要主管部门和有识之士的合作与积极运作。通过精品跆拳道赛事打造,来推动和促进天津市跆拳道竞赛表演业的发展。

6. 立足于天津市,面向全国的市场开发策略

把握跆拳道产业市场定位,形成天津市态度产业联动机制,采取产业化推进发展,加大宣传和投入,立足服务天津市,面向全中国的市场开发策略。规范和加强天津市态度培训服务业的管理和提升,引导培训水平和质量的提升,做好天津市场的服务和布局,服务天津市经济建设;跆拳道用品生产经营性企业深挖科技研发和提升产品质量,加大产业规模发展,满足天津市场,辐射全国,加强出口销售和竞争力;打造天津市跆拳道竞赛品牌,吸引全国跆拳道界人的参与和关注,举办不同级的竞赛,服务和满足不同人群的需要;全方位、立体交叉推进和拓展天津跆拳道产业链上下游关系,延伸产业辐射和服务范围,面向全国跆拳道市场。

7. 鼓励创新发展,为跆拳道产业提供新动能

创新发展是产业发展的原动力。要以体育科技与体育经济发

展紧密结合为目标，积极推动跆拳道产业中的“体育＋互联网”“体育＋大数据”等发展模式创新，鼓励开发以移动互联网技术为支撑的跆拳道产业服务，利用科技信息服务平台搭建科技成果转化的桥梁，支持企业利用互联网采集技术对接跆拳道健身个性化需求，提升场馆预定、健身指导、交流互动、赛事参与、器材装备定制等综合服务水平；鼓励发展多媒体广播电视、网络电视、收集 App 等体育传播新媒体业态，推动跆拳道科技创新成果在更大范围、更深层次的流动和转化，提高跆拳道资源共享与服务的能力①。

① 钟敬秋．大连市体育产业发展及布局优化研究[D]．辽宁师范大学博士学位论文，2017．

参考文献

[1]朱金棒,柳鸣毅.新常态下体育产业发展机制与路径研究[J].体育文化导刊,2016(10):103—108.

[2]黄海燕,杨丽丽.我国体育产业结构的综合定量与优化分析[J].体育科学,2011,31(11):3—11.

[3]易剑东.中国体育产业的现状、机遇与挑战[J].武汉体育学院学报,2016,50(7):5—12.

[4]雷国飞.消费需求升级背景下我国冰雪体育产业供给转型研究[J].广州体育学院学报,2017,37(6):45—49.

[5]张瑞林.我国冰雪体育产业商业模式构建与产业结构优化[J].体育科学,2016,36(5):18—23.

[6]卢金逵,倪刚,熊建萍.区域体育产业竞争力评价与实证研究[J].体育科学,2009,29(6):28—38.

[7]邢尊明.我国地方政府体育产业政策行为研究——基于政策扩散理论的省(级)际政策实践调查与实证分析[J].体育科学,2016, 36(1):27—37.

[8]沈克印,杨毅然.体育特色小镇:供给侧改革背景下体育产业跨界融合的时间探索[J].武汉体育学院学报, 2017,51(6):56—62.

[9]张建春,边文洪.江苏省跆拳道产业环境现状分析[J].科技信息,2010(3):13、381.

[10]周攀,冼东妹. 广东省跆拳道道馆发展情况调查研究[J]. 体育科技,2017,38(2):116—120.

[11]崔轩. 跆拳道市场化现状与产业环境研究[J]. 经济研究导刊,2017(2):66—67.

[12]王守都. 跆拳道在中国的市场化[J]. 经营与管理,2013(4):98—101.

[13]刘茂辉. 跆拳道市场化现状及开发策略研究[J]. 西安体育学院学报,2006(2):37—39.

[14]周波. 论体育产业核心竞争力 [D]. 湖南师范大学博士学位论文,2013.

[15]谷宏伟. 芝加哥学派的价格理论:贝克尔的经济学“帝国主义”[J]. 石家庄经济学院学报,2011,04(2):27—32.

[16]牛晓凡,王少枋,朱睿倩. 现代产业发展模式研究[M]. 北京:人民出版社,2012.

[17]周红梅. 网络组织及提升制造业产业竞争力的研究[D]. 武汉理工大学博士学位论文,2007.

[18]梅莉. 基于复杂系统科学视角下的网络组织理论研究[J]. 技术经济与管理研究,2015(12):27—31.

[19]曾翠兰. 基于动态联盟的大型工程项目货物采购的研究[D]. 武汉理工大学硕士学位论文,2006.

[20]李可. 我国体育服务业的产业化发展和体育服务管理研究[D]. 天津大学硕士学位论文,2006.

[21]牛晓凡,王少枋,朱睿倩. 现代产业发展模式研究[M]. 北京:人民出版社,2012.

[22]洪名勇. 黔中经济区发展战略研究[M]. 贵阳:贵州大学出版社,2011.

[23]万幼清.产业集群核心竞争力研究[M].北京:人民出版社,2013.

[24]周波.论体育产业核心竞争力 [D].湖南师范大学博士学位论文,2013.

[25]中国合格评定国家认可中心.管理体系认证活动相关业务范围分类手册[M].北京:中国质检出版社;北京:中国标准出版社,2016.

[26]李可.我国体育服务业的产业化发展和体育服务管理研究 [D].天津大学硕士学位论文,2006.

[27]郑和明,尚志强,薛林峰.日本的体育产业发展现状、发展方式及启示[J].首都体育学院学报,2020(02):116－121、145.

[28]金春光,车旭升.韩国体育产业发展[J].体育文化导刊,2011(09):93－97.

[29]梁进.中国体育产业化过程中的政府职能转变[J].北京体育大学学报,2004,23(2):37－39.

[30]周波.论体育产业核心竞争力 [D].湖南师范大学博士学位论文,2013.

[31]赵炳璞,等.体育产业政策体系研究[J].体育科学,1997,17(4):1－7.

[32]卢元镇.体育产业成为我国国民经济新增长点的研究—体育产业现状、趋势与对策[M].北京:人民体育出版社,2001.

[33]杨铁黎,王子朴.体育产业概论[M].北京:高等教育出版社.2015.

[34]鲍明晓.中国体育产业发展报告[M].北京:人民体育出版社.2006.

[35]丛湖平.体育产业若干界说的辨析及相关问题的讨论[J].

中国体育科技,2001,37(12):2—4.

[36]国家统计局统计设计管理司.三次产业划分规定[J].中国统计,2003(11):1.

[37]国家体委政策研究室.体育运动文件选编(1982—1986)[M].北京:人民体育出版社,1989.

[38]江和平,张海潮.中国体育产业发展报告2008—2010[M].北京:社会科学文献出版社,2010.

[39]李忠玺.浅谈中国体育产业发展现状及其重要性[J].大庆高等专科学校学报,2003(4):77—78.

[40]国务院办公厅.国务院办公厅关于加快发展体育产业的指导意见[R].2010-3-19.

[41]于洋.从《体育事业发展"十二五"规划》看中国体育发展方向[J].河北体育学院学报,2014 (3):38—42.

[42]中华人民共和国国民经济和社会发展第十二个五年规划纲要[R].2011-3-16. http://www.gov.cn.

[43]国家体育总局关于印发《体育产业"十二五"规划》的通知体经字[2011]178号.

[44]刘欣葵.体育设施建设与北京城市发展定位.北京市文化史暨第八次北京学术研讨会[C].2006,12:352—360.

[45]牛晓凡,王少枋,朱睿倩.现代产业发展模式研究[M].北京:人民出版社,2012.

[46]朱艳,侯力,周学政.从社会经济发展史视角解析现代体育用品业的演变[J].北京体育大学学报,2017 (7):12—16、35.

[47]姜静静.我国体育服务业转型升级:机遇、挑战与路径[J].西安体育学院学报,2018 (2):179—184.

[48]周波.论体育产业核心竞争力 [D].湖南师范大学博士学

位论文,2013.

[49]陈立春.新媒体时代体育竞赛表演的传播策略研究[J].吉林体育学院学报,2017,8 (4):11－14.

[50]李鹏飞,马海峰,姚卫.我国体育健身娱乐业的发展现状及对策的研究综述[J].中国科技投资,2013.(Z4):5.

[51]鹿云昭,陈元欣,刘恒.我国青少年体育培训业的发展特点、内容及对策 [J].湖北体育科技,2019 (7):588－591.

[52]天津市体育产业的定位与布局 [N] 天津日报. 2015-11-18.

[53]腾达.未来十年体育产业总规模江大 1000 亿[N] 天津日报. 2015-07-31.

[54]侯迎锋.天津体育产业集群发展研究 ."四个全面"·创新发展·天津机遇——天津市社会科学界第十一届学术年会优秀论文集(下)[C].2015.

[55]天津市体育产业的定位与布局[N].天津日报. 2015-11-18.

[56]范金,郑庆武,梅娟.应用产业经济学[M]. 北京:经济管理出版社,2004.

[57]杨公朴. 产业经济学[M]. 上海:复旦大学出版社,2005:13.

[58]陈建勋.中国新材料产业成长与发展研究[M].上海:上海人民出版社,2009.

[59]向吉英.经济转型期产业成长与产业投资基金研究[M].北京:中国金融出版社 2010.

[60]熊勇清,印磊,黄健柏.新兴产业成长中需求拉动作用的实证检验——以新一代信息与电子业为例[J]. 软科学,2015(2):

28—32.

[61]刘深,黄毅菲.投资结构优化对产业升级促进作用的实证分析[J]. 金融经济,2020(05):29—36.

[62]王立国.东北滑雪产业发展问题研究[D]. 东北师范大学博士学位论文,2010.

[63]陶良虎,张道金.产业竞争力体系的构建[N]. 光明日报2006-2-7.

[64]宋彦麟.辽宁省文化产业竞争力研究[D].哈尔滨工程大学博士学位论文,2008.

[65]陈卓.河北特色文化与创意旅游产业融合发展研究[M].石家庄:河北美术出版社,2015.

[66]徐科技.我国省际文化产业竞争力实证分析[D]. 南京农业大学硕士学位论文,2008.

[67]陶萍.我国林业休闲产业发展问题研究[D]. 东北林业大学,2006.

[68]李琳,陈颐,杨智慧.消费文化与英美科幻小说的发展[M].成都:四川大学出版社,2018.

[69]曹可强.体育产业概论[M]. 上海:复旦大学出版社,2003:99.

[70]聂华林,王成勇.区域经济学[M].北京:中国社会科学出版社 2006:1.

[71]栾贵勤.区域经济学[M]. 北京:清华大学出版社,2008:101—106.

[72]栾贵勤.区域经济学[M]. 北京:清华大学出版社,2008:388—403.

[73]王悦.系统论视角下的食品安全法律治理分析[J]粮食科

技与经济,2019(12):21－22、58.

[74]吴毅,朱世广,刘治立. 中华人文精神[M]. 北京:中国文史出版社,2002.

[75]叶莱,周五一,李维高. 跆拳道——坚韧精博的东方强身武术[M]. 北京:北京体育大学出版社,1991.

[76]边文洪. 江苏省跆拳道馆经营现状问卷调查与分析[J]. 科技信息,2010(13):103－104.

[77]周旭超. 山西省跆拳道馆经营状况的调查研究[D]. 山西大学硕士学位论文,2012.

[78]姜文龙,卢忠瑾. 延安市跆拳道俱乐部运营现状调查分析[J]. 延安大学学报(自然科学版),2018(2):104－107.

[79]谢晓燕,陈阳. 湖北省跆拳道运动发展现状分析[J]. 当代体育科技,2017(25):181－182.

[80]李燕燕. 我国体育产业融合成长研究[D]. 武汉体育学院博士学位论文,2014.

[81]周红梅. 网络组织及提升制造业产业竞争力的研究 [D]. 武汉理工大学博士学位论文,2007.

[82]李可. 我国体育服务业的产业化发展和体育服务管理研究[D]. 天津大学硕士学位论文,2006.

[83]顾明远. 教育大辞典[M]. 上海:上海教育出版社,1998.

[84]任春燕. 跆拳道俱乐部经营管理与市场开发分析[J]. 经济研究导刊,2017(02):122－123.

[85]耿力中. 体育市场策略与管理[M]. 北京:人民体育出版社,2002.

[86]唐晓倩. 商标无小事,发展需重视[J]. 中华商标,2019(1):59－60.

[87]张悦,关博.体育竞赛表演产业与品牌赛事融合发展研究——以吉林省太极拳比赛为例[J].中华武术(研究),2020(03):82—87.

[88]辞海[M].上海:上海辞书出版社,1999:1511.

[89]程勉中.现代大学管理机制[M].北京:人民出版社,2006:64.

[90]钟敬秋.大连市体育产业发展及布局优化研究[D]辽宁师范大学博士学位论文,2017.

[91]牛晓凡,王少枋,朱睿倩.现代产业发展模式研究[M].北京:人民出版社,2012.

[92]李心芹,李仕明,兰永.产业结构类型研究[J].电子科技大学学报,2004.(4):60—63.

[93]郁义鸿.产业链类型与产业链效率基准[J].经济与管理研究,2005(11).25—30.

[94]全诗凡.产业链发展影响因素实证研究[J].未来与发展,2016(02).43—50.

[95]汪明华.苏州市大众跆拳道市场营销策略研究[D].苏州大学硕士学位论文,2014.

[96]焦连合,黄麟英,张祝秀.大学生创业实务教程[M].北京:中国青年出版社,2009.

[97]刘龙柱,方元,徐海峰.跆拳道运动赛事市场化运作模式的研究[J].吉林体育学院学报,2008.

[98]杜鹏.关于我国大众跆拳道市场的相关研究[D].河北师范大学硕士学位论文,2012.

[99]白洋.体制转型解决企业人工成本压力[J].现代家电,2012.

[100]黄晓美. 企业销售费用管理策略分析 [J]. 管理观察, 2014(35):110—111.

[101]张文军. 经济学视角下的当前中国大学生就业[J]. 经济视角 (下), 2013.

[102]吴国艳. 营运资金管理——基于产业链关系的视角[J]. 金融经济,2015(18):85—87.

[103]陈建勋. 中国新材料产业成长与发展研究[M]. 上海:上海人民出版社,2009.

[104]程勉中. 现代大学管理机制[M]. 北京:人民出版社, 2006:64.

[105]王晓丽,刘辉. 人力资本增值管理的基本思路与实践策略[J]. 商业时代,2010(7):20.

[106]钟敬秋. 大连市体育产业发展及布局优化研究[D]辽宁师范大学博士学位论文,2017.

[107]陈洪. 我国体育科技发展的现状及对策研究[D]. 武汉体育学院,2009.

[108]钟敬秋. 大连市体育产业发展及布局优化研究[D]. 辽宁师范大学博士学位论文,2017.

[109][美]迈克尔·波特. 国家竞争优势[M]. 李明轩,邱如美译. 华夏出版社,2002:1—2.

[110]约瑟夫·阿·熊彼特. 经济发展理论[M]. 北京:商务印书馆 1990 中文版:73—74.

[111]Michael E. Porter. On competition . *Harvard Business Review Books*,1998:197.

[112]Michael E. Porter. On competition . *Harvard Business Review Books*,1998:197.

[113] Lind J. *Ubiquitous convergence: market redefinitions generated by technological change and the industry life cycle* [R]. Paper for the Druid Academy ,Winter conference,2005.